Karla Weiß

Meine Psychose & ich

Lebensbuch einer 56-jährigen Frau, die gerade

noch an ihrer letzten Psychose zu knabbern hat

© 2021 Karla Weiß

Autorin: Karla Weiß
Autoren-e-Mail: Verlagkarla@yahoo.de
Titelbild: Karla im Mittelmeer

Verlag & Druck:
tredition GmbH,
Halenreie 40-44, 22359 Hamburg

ISBN:
978-3-347-24099-5 (Paperback)
978-3-347-24100-8 (Hardcover)
978-3-347-24101-5 (e-Book)

Meine Psychose & ich

02.10.2020

Ich glaub, ich schreib jetzt mal ein Buch, denn ich kann leider kein Buch lesen, kann mich einfach nicht darauf konzentrieren, was da geschrieben steht, egal, ob es ein langer Roman, eine kurze Geschichte oder ein Sachbuch ist. Das ist total Scheiße. Ich würde so gerne mal wieder ein Buch lesen... lesen ist gemütlich. Auf der Couch liegen, in eine Decke gekuschelt, Türe zu. Das ist wichtig, damit keine störenden Geräusche ans Ohr dringen... es gibt so viel Dinge, die ablenken. Fernseher, Radio, diejenigen Familienmitglieder, die gerade im Hause sind, Fliegen an der Wand,

Piepser im Handy, Geschirrspülmaschine, selbst dieser Laptop hier, auf dem ich gerade schreibe, der gibt rauschende Töne von sich. Auch die stören mich. Aber da will ich jetzt mal durch, schließlich geht es ja jetzt nicht ums Lesen, sondern ums Schreiben.

Eine alte Schulfreundin hat schon in der 8. Klasse zu mir gesagt „Du müßtest mal ein Buch schreiben". Ich weiß nicht, warum sie das gesagt hat, aber ich hab es mir gemerkt und nun tu ich es... ich versuche es zumindest. Eigentlich ist es ja schon mein 9. Buch, denn ich habe mit 12 Jahren mein 1. Tagebuch geschrieben... es wurden 8 Stück, glaube ich, bis zum meinem ca. 19. Lebensjahr. Sie kennen sicher diese kleinen bunten chinesischen Schreibbücher mit den

Blumenranken am Rand, die sich wunderbar als Tagebuch eigneten. Ich möchte sie alle nochmal durchlesen, hatte vor einiger Zeit mit dem ersten Buch begonnen, aber – wie Sie ja von mir bereits wissen – habe ich mangels Konzentration nach einigen Seiten wieder aufgehört, darin zu lesen. Die Bücher liegen auf meinem Nachttisch, aber eigentlich ist das sowieso keine gute Bettlektüre, so kurz vor dem Einschlafen von den Sorgen und Nöten eines jungen Mädchens zu lesen. Aber nein, es waren nicht nur schlechte Zeiten damals... ich hatte zum Teil sehr viel Spaß in meinem jungen Leben damals.

Nebenbei bemerkt: Sie werden sich vielleicht über verschiedene Dinge wundern. So ein Chaos von Worten und Sätzen, keine Absätze, keine

Gliederung, keine ordentlichen Satzzeichen, kein Stil, kein roter Faden. Für Sie nicht, nein, das verstehe ich, aber der Faden ist in meinem Kopf rot. So denke ich. Ziemlich verworren sind meine Gedanken und Taten. Ich verstehe Sie, wenn Sie das Buch wieder zur Seite legen, weil Sie sich etwas Anderes unter dem Titel, den ich jetzt noch gar nicht kenne, vorgestellt haben. Sie können mir gerne schreiben... wenn Sie nun sauer sind auf mich, weil Sie das Buch gekauft haben und die Euros zum Fenster rausgeschmissen haben. Am Ende werde ich eine E-Mailadresse angeben (die ich hoffentlich nicht vergesse, einzurichten) und werde immer wieder mal reinschauen, ob es jemanden gibt, der Interesse hat, sich mit mir auszutauschen über das, was er/sie gelesen hat bzw. über das, was ich geschrieben habe. Im

Grunde möchte ich mir Teile aus meinem Leben von der Seele schreiben, vor allem die Teile, die mich zeitgleich fast zerstört und total glücklich gemacht haben.

Die Ärzte sagen „schizo-affektive Störungen" dazu, glaube ich. Ich müßte jetzt den Arztbrief suchen, auf dem die genauen Diagnosen stehen, aber da müßte ich jetzt aufstehen... und dazu fehlt mir gerade die Lust. Ich schreib grad so voller Energie... und das muß ich oder will ich ausnutzen. Also ja, ich bin schizophren, manisch-depressiv (bipolare Störungen) und habe Psychosen, wobei das sich alles irgendwie überschneidet. Ich sage meistens, wenn mich einer in der Arbeit fragt, was denn mit mir los war (denn ich habe gerade fast zweieinhalb Monate *gefehlt), daß ich eine ganz schlimme Psychose hatte. Das ist wahr... und ich liebe eigentlich die Wahrheit, möchte mich stets am Rande der Wahrheit bewegen.... und ich möchte mit dieser Scheiß-Diagnose ein bißchen Verständnis erreichen in meinem Umfeld, sowohl im Arbeitsumfeld als auch in meinem übrigen sozialen Umfeld. Naja, so ganz werde ich Sie nicht mit der Wahrheit belasten, denn erstens könnte es sein, daß auch meine Töchter und meine Mutter lesen, was alles so passiert ist im Laufe meines Lebens.... und daran werde ich ein bißchen deshalb feilen, denn es soll ja nicht zuuu negativ klingen, aber das war es ja auch nicht. Nein, das war es nicht. Aber negativer zumindest, als ich es in Erinnerung habe.*

Ich habe zum Beispiel immer gedacht, daß ich das totale Papakind war, daß mein Vater mich geliebt hat, so wie ich ihn, aber wenn man jemanden liebt, dann schreit man ihn nicht so oft an, oder? Man schreit dann nicht seine 12jährige Tochter, die am Vormittag ihr Bett noch nicht ordentlich gerichtet hat, so an: „Du bist ein Weib, Du müßtest das Bett von Deinem Bruder auch gleich machen". Es wurden Türen geschlagen, es wurde geschrien, gestritten und geschwiegen, manchmal tagelang wurde schweigend aneinander vorbei gegangen... so lange, bis ich zum Beispiel einen kleinen Flieger aus Papier gebastelt und drauf geschrieben habe „Ich hab Dich lieb"; den hab ich dann zu meinem Vater fliegen lassen und dann war alles wieder gut. Alles wieder gut??? Scheiße war's. Nichts war gut. Scheiße war's. Der Mantel des Schweigens wurde über die unzähligen Streits, Unstimmigkeiten und Mißverständnisse geworfen, ohne daß jemals nochmal darüber gesprochen wurde, ohne daß Dinge aufgeklärt wurden, geschweige denn, es wurde sachlich über etwas diskutiert.... oh nein. Sachlich ging überhaupt nichts. In der ganzen Familie nicht, weder bei meinem Vater, noch bei meiner Mutter, noch bei meinem Bruder, noch bei mir. Am wenigsten wahrscheinlich bei mir. Ich bin ein Bauchmensch, aber halt.... ich habe mich entwickelt, Leute. Kaum renne ich 10 Jahre zu einer Psychotherapeutin, schon kann ich reden wie ein normaler Mensch.

Bei dieser Gelegenheit, liebe Frau L....., danke ich Ihnen nochmals aus der tiefsten Tiefe meines

Herzens für alles, was Sie für mich getan haben. Sie haben aus mir eine selbstbewusste Frau gemacht, eine Frau, die sich sogar selber liebt. Ich habe es Ihnen bereits oft gesagt, aber wiederhole mich hier wirklich sehr gerne. Durch Sie kann ich zu meinem Bauch (der wegen des übermässigen Essens wegen des Hungers durch die vielen Tabletten wieder viel zu groß ist) auch meinen Kopf (der wegen der vielen Tabletten wieder viel zu erschöpft ist) einschalten, kann über alles (wenn ich etwas zum Thema zu sagen habe) sachlich diskutieren, natürlich aber auch trotzdem mit Gefühl.

Gefühle spielen in meinem Leben eine riesige Rolle. Sie tragen mich durch das Leben. Ich liebe das Leben, naja, momentan tue ich mich noch schwer damit, denn meine letzte Psychose fand ihren Höhepunkt morgen vor 3 Monaten, das heißt, daß sie noch nicht in aller Gänze vorübergegangen ist. Es war die Hölle, der 3.7.2020; aber vorher muß ich – glaube ich – noch etwas ausholen, damit Sie mir so folgen können, wie ich mir das vorstelle.

Hmmm, wie soll ich jetzt weitermachen? Mir ist übrigens gerade ein möglicher Titel dieses Buches eingefallen: Vielleicht „Lebensbuch einer 56-jährigen Frau, die gerade noch an ihrer letzten Psychose zu knabbern hat". Das würde den Kern treffen.... und den Kern treffe ich doch so gerne.

Wie gesagt, wenn ich Sie langweile oder wenn ich mich ab und zu wiederhole, dann entschuldige ich mich hiermit schon einmal aufrichtig, aber mehr geht nicht.... meine Finger rasen über die Tastatur meines Notebooks und ich freue mich, endlich mir selber die Möglichkeit zu geben, loszulassen, nicht nur mündlich, sondern jetzt auch schriftlich.

So, nun erzähle ich weiter. Vor 15 Jahren, das war das Jahr 2005, zog ich mit meiner Familie von München etwas weiter westlich in eine kleinere Stadt, in der ich mich vom ersten Tag an wohl fühlte. Die Uhr ging dort anders, ich hörte kein aggressives Hupen mehr, sondern stellte so ganz nebenbei Rücksichtnahme der Menschen untereinander fest. Als mir beim Bäcker meine Semmeln runtergefallen sind, bückte sich der Mann rechts neben mir und links neben mir und ... schwuppdiwupp... hatte ich meine Semmeln wieder auf dem Arm, was mir ein Lächeln ins Gesicht „zauberte"; das genoss ich auf jeden Fall. Ich würde nie mehr in eine Großstadt ziehen, da ich den Lärm und die vielen schlecht gelaunten Menschen nicht mehr ertragen würde. Kurz mal reinfahren, irgendetwas erledigen, das geht gerade noch, aber dann muß ich auch schnell wieder nach Hause, in mein Nest.

Nächstes Jahr feiere ich mit meinem Mann Silberhochzeit. Ich werde es nie vergessen, wie es dazu kam. Wir haben uns eigentlich schon mit 18 Jahren kennengelernt, damals, in der Kirche. Jeden Freitag war ich mit Freundinnen in der Teestube; wir haben dort mit anderen Jugendlichen Karten und Tischtennis gespielt, viel geplaudert und viel gelacht, sehr viel gelacht.

Eines Tages hat ein Freund wiederum einen Freund mitgebracht, der mich vom ersten Tag an so besonders angeschaut hat. Falls Sie eine Frau sind, dann wissen Sie, wie ich das meine. Er mochte es, wie ich lachte. Er selber hatte den Schalk im Nacken und war mit einer großen Portion Humor bestückt, was mir total gut gefallen hat...aber das war es dann auch schon... mehr als lachen und Karten spielen wollte ich eigentlich nicht mit ihm. So ging es dahin und erst nach einem Dreivierteljahr haben wir uns das erste Mal bei mir zuhause geküsst. Ich brauchte eine ganze Weile, durch ihn hindurchzuschauen und ihn kennenzulernen... es war wahrlich nicht „Liebe auf den ersten Blick", aber das macht nichts. Ab dieser Zeit gab es uns eine ganze Weile nur noch zu zweit. Es gab zwar auch diverse Auf's und Ab's, aber da denk ich mir nicht viel dabei, zumindest jetzt nicht mehr. Wir waren jung, haben das Leben ausgekostet, zum Teil auch jeder für sich. Letztendlich waren wir jedoch unzertrennlich.

Nach 13 Jahren Freundschaft waren wir – wie so oft – in der Faschingszeit zum Skifahren in den Dolomiten gelandet. An einem wunderbar sonnigen Tag legten wir – fernab der Skipiste – eine Pause ein und warfen uns in den Schnee, aßen unsere Brotzeit und tranken heißen Tee. Anschließend nahm mein Mann zwei kleine Schnapsfläschchen, gab mir eines davon, schaute mir in die Augen und sagte: „Du mußt jetzt sehr tapfer sein".......... Willst Du meine Frau werden?" Oh Mann, war das schön. Da hab ich *erstmal geheult wie ein Schloßhund (heulen Schloßhunde wirklich?). Danach ging es ganz schnell.*

Zuhause angekommen, bin ich nach kurzer Zeit schwanger mit unserer ersten Tochter geworden; nach einem halben Jahr haben wir dann geheiratet, dann noch zwei Jahre später kam unsere zweite Tochter zur Welt. Die beiden Mädchen haben – bis zum heutigen Tag – so viel Glück, Wärme und Liebe in unser Leben gebracht, was ich eigentlich nie mehr missen möchte, aber natürlich werden sie wohl spätestens nach dem Studium von zuhause ausziehen.

25.10.2020

Meine jüngere Tochter, ich nenne sie hier Emma (da meine beiden Mädels in meinem Buch nicht erkannt werden möchten, was ich sehr gut verstehen kann), war vom Babyalter an total temperamentvoll und ein besonders fröhliches, aufgewecktes kleines Mädchen. Ihre anderthalb Jahre ältere Schwester, Linda, war etwas ruhiger, schüchterner; aber wenn sie gut drauf war, ist sie aus sich heraus gegangen und war der fröhlichste Kasperl, den man sich vorstellen kann. Meine Güte, was haben wir gelacht zusammen. Emma hatte eigentlich ständig rote Backen von der frischen Luft und vom vielen Lachen. Sie kletterte im Kindergarten ständig auf den Haselnussbaum und rutschte die glatten Stämme wieder herunter, so daß sie täglich mit zerrissenen, durchlöchterten und dreckigen Klamotten nach Hause kam. Das war mir aber egal; Hauptsache, Emma hatte ihren Spaß im Kindergarten und war fröhlich, das war mir das Wichtigste.

Linda ließ sich gerne von Emma anstecken und hatte viel Spaß mit ihr zusammen, aber sie paßte zum Beispiel gut auf ihre Kleidung auf, was sie jetzt aber wiederum kaum noch macht. Jetzt gerade kam sie ins Wohnzimmer mit ziemlich zerrissenen Strumpfhosen, und das mit 23 Jahren. Du meine Güte, verkehrte Welt ist das. Sie empfindet es als in Ordnung und wenn ich ihr anbiete, sich von mir eine neue Strumpfhose zu nehmen, geht sie nicht drauf ein... „das passt schon so, ich mag mich jetzt nicht umziehen".

Aber, wissen Sie, meine Tochter steckt ja in dieser kaputten Strumpfhose und fühlt sich gut darin.

Damit hab ich jetzt nicht mehr viel zu tun; ich habe kurz meine Meinung gesagt und Unterstützung angeboten, so wie ich es immer – hoffe ich – tue.

30.10.2020

Nun sind schon wieder ein paar Tage seit meinem letzten Eintrag vergangen und ich weiß eigentlich gar nicht, worauf ich bei diesem hinauswollte. Das Problem ist, daß ich – wie bereits geschrieben – keine Gliederung oder so etwas Ähnliches vorbereitet habe, weil sich das mit meinen Gedankensprüngen nicht vereinbaren lässt, aber da ich ja nicht ständig nochmal lesen kann, was ich vorher geschrieben hatte, weiche ich wohl ständig vom Thema ab und fange neue Fäden an, von denen ich hoffe, daß sie trotzdem irgendwie verständlich sind. Natürlich kann es sein, daß ich mich hier und da einmal wiederhole, aber das bitte ich zu entschuldigen.... dies ist dem Chaos in meinem Kopf geschuldet... und wäre ich eine gesunde Frau, würde ich es anders gestalten, glauben Sie mir.

Ich denke, ich wollte bei meinem letzten Eintrag darauf hinaus, daß meine jüngere Tochter Emma in ihrem Temperament auffällig war; im Kindergarten und zuhause war das noch gut zu handhaben, aber dann kam die Grundschule. Sie konnte kaum still sitzen auf ihrem Stuhl, störte den Unterricht, lachte viel (was für mich das schönste Geräusch auf der Welt ist) und so landete ich, als sie in der 2. Klasse war, mit ihr bei einem Kinderpsychologen, um mal nachzuforschen, was da los ist. Nachdem ich einige Fragebögen ausgefüllt hatte und ein ausgiebiges Gespräch mit dem Arzt hatte, war klar, daß Emma ADHS hat. Mit anderen Worten, das Aufmerksamkeits-Defizit-Syndrom mit Hyperaktivität. Eigentlich ist das eine bescheuerte Diagnose, denn Emma hatte kein Defizit in puncto Aufmerksamkeit. Sie erhielt genug Aufmerksamkeit in ihrem noch so kurzen, bis dahin 8jährigen Leben. Als Defizit hätte ich ihr Temperament nie bezeichnet, aber ok; so lautete die Bezeichnung eben, macht ja nichts, ist egal. Da wir in der Erziehung unserer beiden

Mädchen sowieso immer versuchten, möglichst konsequent zu sein, haben wir instinktiv das Richtige getan.

Zum Beispiel wollte Emma einmal morgens nicht in den Kindergarten gehen; sie hatte ihr Nachthemd an und hatte sich geweigert, sich anzuziehen (zum Anziehen bekam sie natürlich Unterstützung). Also schnappte ich sie mir kurzerhand und liebevoll, stülpte ihr eine Jacke und Schuhe über und fuhr sie ausnahmsweise mit dem Auto die paar Meter in den Kindergarten. Dort angekommen war es ihr sichtlich und hörbar unangenehm, nicht in ihrer normalen Tageskleidung zu stecken. Die anderen Kinder fanden das sehr lustig und auch cool, aber für Emma war es das nicht. Sie sah die fröhlichen

Kinder, die sich zum Spielen versammelt hatten und gab mir daraufhin ganz schnell zu verstehen, daß sie wieder mit nach Hause kommen wollte, um sich anzuziehen. Natürlich haben wir uns dann beeilt, um ordentlich angezogen wieder bei den anderen Kindern zu erscheinen und schnell mischte sich Emma unter ihre Freundinnen und ihre Freunde. So ein Kleidungstheater habe ich nie mehr gehabt... und wissen Sie was? Das nennt man „natürliche Konsequenz". Das hat mir später der Arzt gesagt. Ich habe es aus einem Bauchgefühl heraus richtig gemacht, daß das Kind die natürliche Konsequenz ihres etwas komischen Verhaltens gespürt hat. Es hätte nichts genützt, wenn ich gedroht hätte „Du bekommst heute keinen Nachtisch, wenn Du Dich nicht anziehst" oder „Es darf dann heute niemand zum

Spielen kommen" oder irgendso einen Quatsch. Nein, das wäre nicht natürlich gewesen. Liebe Mütter und Väter oder Großmütter und Großväter, merkt Euch das bitte. Danke.

Dieses ADHS kann ich natürlich nicht genau erklären... warum auch... ich bin kein Arzt. Ich wäre zwar gerne einer bzw. eine Ärztin geworden, aber nach der 10. Klasse auf dem Gymnasium hatte ich keine Lust mehr auf Schule; ich wollte lieber Geld verdienen. Schade, man hätte mir in den Hintern treten müssen; vielleicht wäre dann noch mehr möglich gewesen als meine Lehre zur Arzthelferin. Naja, das sind vergangene Zeiten. Was bei mir allerdings hängen geblieben ist, an dieser Diagnose, ist, daß im Gehirn zu viel Dopamin ausgeschüttet wird (das ist ein

„Botenstoff"), so daß die von außen eindringenden Reize nicht oder nur ungenügend gefiltert werden. Man riet mir in der Kinderpsychlogischen Praxis, die einen guten Ruf hatte, meine Tochter zum Schwimmen zu schicken, zum Tanzen, zum Reiten... zum Beispiel. All das habe ich bzw. mein Mann und ich getan. Emma war 8 Jahre im Schwimmverein, einige Jahre im Tanzverein und hatte später, als sie größer war, viele Jahre eine Reitbeteiligung, das heißt, sie kümmerte sich mindestens 3-4 mal in der Woche um ein Pferd, mistete den Stall aus, striegelte das Pferd so lange, bis es glänzte und durfte auch reiten. All diese Hobbies haben Emma geholfen, mit ihrem ständigen Bewegungsdrang klarzukommen. Es hat phantastisch geklappt.

Inzwischen ist sie 22 Jahre alt und immer noch temperamentvoll, aber sie hat schon längst gelernt, ihr Temperament selber zu fokussieren. Sie fährt viel mit ihrem Rennrad, geht mit Freundinnen zum Wandern, Skifahren, macht Cross-Athletik, trifft sich mit Freunden und so weiter.

09.11.2020

Ich hab mich nach Emma's Diagnostik auch testen lassen und ... siehe da, ich hatte auch ADS. Ohne H, das heißt, ohne Hyperaktivität. Ich war der verträumte Typ. Es war wie ein Schock für mich. Erstmal. Und dann, als ich die Tragweite des ganzen Dilemmas verdaut hatte, war ich glücklich. Glücklich darüber, daß die ganzen einzelnen Puzzlesteine endlich ein zusammenhängendes Bild ergeben haben. Ich hatte auch ADS.

Ach soooo! Deshalb hab ich schon in der Grundschule die draußen zwitschernden Vögel gehört, das Auspacken eines Kaugummis vom Tischnachbarn, das Radieren, das Füße scharren, das Flüstern der Mitschüler... und nicht die Stimme des Lehrers. Ich konnte mich schon damals nicht konzentrieren auf das Wesentliche; das kann man auch auf meinen Zeugnissen nachlesen, worin ständig steht: „Die verträumte Schülerin könnte mehr leisten...... „ usw. Damals war ADS noch eher selten oder zumindest in meinem Umkreis unbekannt. In der Schule wurde darüber auch überhaupt nicht gesprochen; ich meine, daß die Lehrer die Eltern nicht darauf aufmerksam gemacht haben, daß man mal in dieser Richtung nachhaken könnte. Die Kinder mußten sehen, wie sie allein mit ihren ungefilterten Reizen klarkommen.

Nicht nur in der Schule war ich durch diese vermehrte „Dopamin-Ausschüttung" anders als die Anderen, sondern auch zuhause, im Alltag. Ich war äußerst impulsiv, besonders in der Familie. Ich weiß allerdings nicht, ob das nur ADS-bedingt war oder ob ich es nicht anders vorgelebt bekam. Zuhause wurden bei Ärger Türen zugeknallt, es wurde laut gestritten, geschimpft und dann stunden- oder tagelang geschwiegen.

Ich weiß noch, wie ich mal nach so einer längeren „Schweigezeit" ein Papierflugzeug gebastelt habe, drauf geschrieben habe „Ich hab Dich lieb" und es dann zu meinem Vater segeln ließ. Der nahm es an sich und danach war alles wieder gut. Das muß man sich mal vorstellen. Das war nur ein kleines Beispiel von vielen... aber sehr aussagekräftig. So ging es meistens zu bei uns. Der Mantel des Schweigens wurde über einen Streit geworfen und danach war alles wieder gut. Scheiße war's. Nichts war gut. Verdrängt wurde alles, es wurde nicht über Dinge geredet, darüber, wie man etwas anders, vielleicht besser machen könnte, sowohl als Elternteil als auch als Kind. Mein Vater war ein Choleriker, so im Nachhinein gesehen. Ich meine das nicht böse, sondern das ist meine Tatsache, wie ich die Sache jetzt sehe. Er *hatte vielleicht auch diese Impulsivität, durch ADS bedingt. Wer weiß. Das werde ich nie mehr erfahren. Mein Vater ist jetzt 8 Jahre tot.*

Aber um nochmal auf die Familien-Situation zurückzukommen... für mich war das ja schon irgendwie normal, daß man nicht sachlich und vernünftig über Dinge geredet hat. Wir waren irgendwie alle „Bauch-Menschen", hatte ich das Gefühl. Nur meine Mutter nicht. Sie kam mir damals eher nüchtern und kühl vor, war eher ein „Kopf-Mensch". Im Grunde habe ich sie wahrscheinlich nie richtig verstanden und habe ihr Unrecht getan, indem ich sie nicht so sehr geliebt habe wie meinen Vater. Das war unfair von mir. Aber was soll man als Kind schon groß überlegen, was richtig ist und was falsch? Mein

Vater war irgendwie gefühlvoller, sensibler, kam auch später, als ich schon verheiratet war, öfter mal zu mir und hat mich gefragt, wie es mir eigentlich geht. Er hatte ein gewisses Gespür dafür, wenn da wohl irgendetwas nicht so gut lief. Aber ich habe das überbewertet, glaube ich. Im Grunde lief in meiner Kindheit zuhause viel schief. Es wurde viel geschrien, zu wenig miteinander geredet.... wie ich schon erwähnt habe. Ich habe viele Jahre lang insgeheim meinen Eltern Vorwürfe gemacht, daß alles so war, wie es war.

Solange habe ich mit meiner Kindheit gehadert, bis mir eines Tages, als ich schon meine eigene Familie hatte, ein Freund in einem intensiven Gespräch gesagt hat: „Unsere Eltern haben alle *das in ihren Augen Beste für uns Kinder getan, was sie tun konnten."* Verdammt nochmal, er hat Recht. *Als Elternteil tust Du im Grunde immer das Beste für Dein Kind, das, was Dir persönlich als das Beste erscheint. Das ist natürlich bei jedem anders.*

Jeder hat da andere Vorstellungen, wenn er überhaupt welche hat. Es ist ja auf der einen Seite – zumindest für mich – das Schönste auf der ganzen Welt, Kinder zu haben, ... und es ist relativ leicht, welche zu bekommen... im Normalfall. Dann sind sie auf der Welt. Du gehst ins Krankenhaus, oder auch nicht, kommst nach kurzer Zeit wieder und bist dann zuhause alleine mit Deinem Baby und hast keinerlei Ahnung, wie man mit diesem am besten umgehen sollte.

Niemand auf der ganzen Welt zeigt Einem, was wichtig wäre, um ein Kind großzuziehen. Natürlich kommen Tips von allen Seiten, aber die will ja im Akutfall keiner hören, stimmt's?

Ich werde jetzt und hier wahrscheinlich nicht die Welt verbessern in puncto „Was kann ich tun, um mein Kind auf dem Weg zu einem wirklich lebensfähigen, ausgeglichenen und lebensfrohen Menschen zu begleiten?"

Ich würde zwar gerne die Welt verbessern und dachte bis zu meiner letzten Psychose, daß ich das auch tun würde, in vielerlei Hinsicht, aber das hat sich ja zerschlagen, nachdem ich wieder meine Tabletten einnehme, die mir meine Wahnsinns-Gedanken nehmen. Wahnsinns-Gedanken verwechseln Sie bitte nicht mit wahnhaften Gedanken. Ich meine gerade eher diese genialen Gedanken, die ich in einer Psychose habe.

Ich denke, ich bin gerade an dem Punkt gelandet, an dem ich von meinen Psychosen erzählen möchte. Bis hierhin haben Sie es bereits geschafft, lieber geneigter Leser, und ich finde es klasse, daß Sie das Interesse aufbringen, hinter die Kulisse einer schizo-affektiven Frau zu schauen. Es ist wahrscheinlich am sinnvollsten, mit dem Beginn des Ganzen anzufangen, obwohl die letzte Psychose ja so viel näher und erreichbarer hinter mir liegt. Sinn und Zweck dieses Buches soll aber ja sein, daß Sie ein gewisses Verständnis erlangen für einen Menschen, der eine Psychose bekommen hat und damit leben muß... und ich denke mal, daß dafür ein gewisser Verlauf wichtig ist. Also fange ich mit dem Beginn des individuellen Schreckens an:

Es war einmal... eine .... ja, wie soll ich sagen, welches Adjektiv würde hier wohl passen? .... eine lebenslustige Frau, eine Frohnatur, eine verträumte und romantische Optimistin, die in allem, was passiert, einen Sinn sah... meistens zwar erst längere Zeit nach einem Geschehnis, aber das ist ja egal. Sinn und „Tiefsinn" waren ihr immer sehr wichtig und Oberflächlichkeit ein Greuel. Wenn mich ein Mensch fragt „Wie geht es Dir?" und er ist bei meiner Antwort schon gar nicht mehr geistig anwesend, dann reicht es mir schon. Solchen Menschen gehe ich aus dem Weg, wenn möglich, und in meinem fortgeschrittenen

Alter kann ich mir das auch erlauben. Es ist schön, nicht mehr oder kaum noch angewiesen zu sein auf das Wohlwollen von fremden Menschen. Natürlich mag ich es gerne, mich zu einem geeigneten Zeitpunkt mit Menschen zu unterhalten... und das kann auch nicht immer tiefsinnig sein... das muß es auch nicht.... man kann auch mal nur an der Oberfläche bleiben, ohne daran zu kratzen. Trotzdem mag ich inzwischen wirklich nur noch Leute um mich haben, die mir gut tun. Anderen gehe ich aus dem Weg, wenn möglich. Wenn nicht, komme ich auch damit zurecht. Ich habe viel dazu gelernt in meinem Leben... Kunststück. Wer 11 Jahre in Psychotherapie spaziert, der weiß irgendwann, wie man mit Menschen umgeht, vorzugsweise.

Hmmm... nun bin ich ein wenig vom Eigentlichen abgekommen. Ich will eigentlich jetzt nur erzählen, wie Alles seinen Anfang nahm. Ok, also nächster Versuch:

Es war im September 2009. Ich hatte von einem Trommel-Workshop gehört, genauer gesagt handelte es sich um die Djembe, eine afrikanische Trommel, die man mit den Händen schlägt. Ich war zum damaligen Zeitpunkt in einem Gospelchor und hatte da schon mal Kontakt zu einer Trommelgruppe und erste Schritte in dieser Hinsicht getan. Ich weiß noch genau, daß ich also ganz spontan bei dem Kursleiter anrief und begeistert war von dieser Geschichte. Es war geplant, mit 4 Trommel-Lehrern, 12 Schülern und 1 Koch in die Toskana zu fahren, in eine bergige

Gegend, um dort 1 Woche lang Grund- oder fortgeschrittene Kenntnisse im Djembe-Trommeln zu erlangen. Gesagt... getan. Es wurden Fahrgemeinschaften gebildet und so fuhr man bereits fröhlich zu dem Ort der Wahl.

Ich kannte keinen Einzigen der Leute, aber das machte nichts. Es ging mir gut, ich war abenteuerlustig und freute mich tierisch auf das, was da kommen sollte. Meine Töchter wußte ich zuhause von meinem Mann gut versorgt; die beiden waren zu dem Zeitpunkt 11 und 12 Jahre alt, mein Mann 46 und ich war 45 Jahre alt.

Oben auf einem dieser bewaldeten Hügel angekommen, lag das Anwesen eines aus Deutschland ausgewanderten Ehepaares vor uns;

ihr kleines Haus, mehrere kleine, allein stehende Häuschen, die praktisch jeweils nur aus einem mehr oder weniger großen Schlafzimmer bestanden, ein Wasch-Häuschen, ein Häuschen mit einer großen Küche, in der der eigens engagierte Koch uns dreimal täglich mit kulinarischen Zauberhaftigkeiten verwöhnte, stand daneben sowie ein Haus mit einem großen Raum, mit einer großen Terrasse davor. Vor dieser gab es einen himmelblauen Swimming-Pool, der allen Leuten jederzeit zur Abkühlung bereit stand und von dem aus man den schönsten Ausblick in die weitere Umgebung hatte, den man sich vorstellen kann. Rund um dieses Anwesen war eine riesengroße Wiese und dahinter Bäume, unzählige Bäume und Wälder. Als ich alles besichtigt hatte, wußte ich, daß ich hier eine schöne, friedliche Zeit haben würde. Im Grunde hatte ich Recht, vom ersten Moment an war die Zeit schön und sie war friedlich, bis zum Schluß. Aber gehen wir zurück zum Anfang.

Übrigens: Ich glaube, ich wechsle ziemlich stark zwischen Gegenwart und Vergangenheit; das sollte sie hoffentlich nicht stören. Viel schlimmer finde ich eigentlich meine Sprunghaftigkeit in dem, was ich schreibe. Aber, sie wissen ja, ich bzw. ein AD(H)S'ler habe/hat Chaos im Kopf. Eine Gliederung dieses Buches wäre nicht möglich gewesen. Ich hätte sofort die Lust verloren, aufzuschreiben, was mir durch den Kopf geht, wenn ich mich da erst tagelang mit Tabellen und Gliederungspunkten hätte rumschlagen müssen. Ich bin froh, daß ich es wenigstens so schaffe, die Punkte, die mit meiner Krankheit einhergehen, niederzuschreiben. Immer ein bißchen. Immer dann, wenn ich ganz alleine im Wohnzimmer sitze, Türe zu und kein einziges störendes Geräusch, das an mein Ohr dringt. Ich merke, daß ich ca. 1 Stunde hintereinander weg schreiben kann, ohne zu stoppen, dann werde ich langsamer und verliere zum Teil auch die Lust bzw. die Energie. Jetzt habe ich eine Woche Urlaub und hoffe, die Zeit zum Schreiben nutzen zu können, zum Schreiben und zum Plätzchen backen.

Es ist zwar erst die zweite November-Woche, aber ich möchte für diese Adventszeit besonders viel Plätzchen backen, da wir einen kleinen Weihnachtsmarkt veranstalten wollen, sobald der erste Schnee gefallen ist. Es wird wunderbar werden. Wir räumen unser Gartenhäuschen leer, stellen Speisen und Getränke hinein. Durch das Fenster werden die Gäste bedient. Draußen wird ein Kessel mit Glühwein an einem Dreibein über dem Feuer hängen und in einer weiteren Feuerschale, ein paar Meter weiter, soll Holz brennen, um sich daran wärmen zu können. Wer will, kann Brotteig, der an einem Stock klebt, ins Feuer halten und Würstchen. Wie damals, im Ferienlager.... oh wie schön. Aus Lautsprechern wird besinnliche und auch fröhliche Weihnachtsmusik erklingen; auch unsere leuchtende Weihnachtsdekoration wie Schlitten mit Reh, Schneemann, Sterne in den Bäumen, Lämpchen in den Büschen wird sicher für Stimmung sorgen. Und die Plätzchen werden überall irgendwo in Schalen herumliegen oder -stehen. Ach ja, Plätzchen, Urlaub, schreiben......

Um dem geneigten Leser (ich bleibe bei der männlichen Schreibform, denn erstens ist es mir zu blöd, bei allen möglichen Wörtern beide Formen aufzuschreiben und zweitens bin ich nicht so emanzipiert, daß es mir wichtig wäre, die weibliche Form auch zu wählen. Im Grunde weiß doch jeder, was gemeint ist... und das ist das Wichtigste.) einen wahrheitsgetreuen Eindruck davon zu verschaffen, wie die Woche in der Toskana so abgelaufen ist, werde ich mir mal so einen Tag wieder ins Gedächtnis für Sie rufen. Ab 6.00 Uhr sind wir, das heißt, die, die da schon munter und willens waren, die Natur beim Erwachen wahrzunehmen, losgewandert... ca. 1

bis 2 Stunden lang bergauf, bergab, durch den Wald, auf Wegen oder durch das Dickicht, über Wiesen, an einer einsamen Hütte vorbei... schweigend, denn es war eine Zen-Wanderung... bei der wir nur auf das Zwitschern der Vögel achteten, auf das Knacken der Zweige unter unseren Füßen, auf das Rascheln der Blätter, auf Rehe in der Dämmerung, die uns durch diese Stille erst spät entdeckten usw. Einer der 4 Trommel-Lehrer – ich nenne ihn jetzt mal Tom - war immer dabei; er kannte die Gegend durch zahlreiche Aufenthalte dort bereits sehr gut. Das Einzige, worauf wir allerdings aufpassen sollten, waren eventuell auftauchende Wildschweinmütter, die gefährlich werden können, wenn sie ihre Frischlinge verteidigen wollen. Ansonsten herrschte nur idyllischer Frieden... so habe ich es empfunden. *Wenn wir zurück zum Anwesen kamen, sind wir erstmal ins erfrischende Wasser gesprungen. Anschließend haben wir mit den Nicht-Wanderern gefrühstückt.*

Der Koch war sicher der Kreativste seiner Zunft. In allen Farben, Formen, Geschmäckern und Gerüchen lagen die Speisen zusammen auf einem riesigen Tisch, um erstmal ausgiebig bewundert zu werden. Egal ob Frühstück, Mittagessen oder Abendessen.... alles war ganz besonders schmackhaft, ist aber leider mit Wörtern nicht zu beschreiben.

Hmmm, die Ruhe scheint hier für die nächste Zeit dahin zu sein. Meine Familie hat Lust auf Kuchen. Da mir nichts über meine Familie geht, werde ich meine Gedankenflut unterbrechen, um Kuchen und Capucchino bzw. Wasser anzuschleppen und hoffe, daß ich das, was ich jetzt schreiben wollte, nicht vergesse.

Bin wieder da...., genau, wir haben also mit den Nicht-Wanderern zusammen gefrühstückt. Nach jedem Essen wurde die Küche sauber gemacht von denjenigen, die als Küchendienst eingeteilt waren. Das hat vielleicht Spaß gemacht... wenn man es „richtig" angestellt hat.

Nach dem Frühstück gab es die erste Trommelstunde des Tages; wir wurden in 4 Gruppen eingeteilt in unterschiedliche „Leistungsstufen". Überall gab es so versteckte Nischen, in denen man trommeln konnte, *draußen... und in entsprechender Entfernung der jeweils anderen Gruppen, so daß man sich nicht gegenseitig störte. Alle 4 Trommellehrer waren super nett und alle waren hervorragende Schlagzeuger, so daß ich meine ganze Energie in die Übungen legte und versuchte, möglichst viel zu lernen. Zwischendrin hatten wir auch ganz viel Spaß und viel gelacht zusammen... Die Trommellehrer schafften es mit einer Leichtigkeit, zwischenmenschliche Zusammengehörigkeit und Harmonie und Leidenschaft am Trommeln tagtäglich zu pflegen. Mittags versammelten wir uns wieder alle zum gemeinsamen Mahl und plauderten fröhlich miteinander und waren alle total enthusiastisch.*

Ich weiß noch, ich hab einmal alleine nach dem

Mittagessen die Küche sauber gemacht. Ich war voller Energie, bin durch die Küche gesaust, als ginge es um mein Leben, habe gewischt und gescheuert. Am Wasserhahn war ein Schlauch angebracht, so daß man mit dem Schlauch die nähere Umgebung des Waschbeckens naßspritzen konnte. Als ich ein Mal damit hantierte, ging er plötzlich nicht mehr aus und der Schlauch tanzte in meinen Händen und ich habe alles um mich herum total naß gespritzt. Du meine Güte, was habe ich gelacht und was haben die Anderen gelacht, die von draußen durch die Durchreiche reingeschaut haben und dem Schlamassel zugesehen haben. Das ging eine ganze Weile so, bis ich vor lauter Lachen nicht mehr konnte und zum Glück der Hauseigentümer hereinkam und dem ganzen Chaos ein Ende machte, indem er das

Ventil wieder verschloss. Er hat sich von meiner Fröhlichkeit anstecken lassen... war auch ein dufte Typ. Danach wurde wieder getrommelt, was das Zeug hielt. Einer der Lehrer hatte auch eine Gitarre dabei und ab und zu zu den Schlägen die Saiten gezupft, was auch ganz schön war. Es ärgert mich irgendwie richtig, daß ich es sicher nicht vermag, Ihnen auch nur ansatzweise nahezubringen, wie traumhaft schön die Tage in der Toskana abliefen. Wir haben uns alle so gut untereinander verstanden und zum Teil ganz intensive Gespräche miteinander geführt.

Nachmittags gab es Kaffee und Kuchen, Päuschen mußten sein, klar. Zwischendrin wurde auf der großen Terrasse zum Beispiel Tischtennis gespielt oder Kirschkern weitspucken oder irgendetwas *anderes Schönes. Danach wurde wieder getrommelt; immer wieder hat man die Plätze getauscht, so daß jeder in den Genuss der verschiedenen lauschigen Ecken kam. Das Abendessen war auch jeden Tag ein Highlight; man kam aus dem Staunen sowieso nicht heraus. Die Abende waren lang; wir plauderten und feierten die halbe Nacht lang... und da wir uns in der Toskana befanden, gab es natürlich auch regionalen Rotwein, samtig, vollmundig, dunkel violett, eine Gaumenfreude. So ging es bis in die frühen Morgenstunden... und ab 6 Uhr wurde ja schon wieder gewandert, wie sich der aufmerksame Leser gemerkt hat. An Schlaf wurde von meiner Seite aus kaum gedacht.*

An einem Abend zum Ende der Woche hin haben

unsere Lehrer ein Schamanen-Trommeln vorbereitet. Sie sassen an den 4 Ecken der Terrasse und wir Schüler sassen oder lagen in deren Mitte. Ich lag auf dem Rücken, auf einer Decke. Abwechselnd haben sie mit monotonen Rhythmen ihre Trommeln geschlagen. Das ging eine ganze Weile so. Ich weiß noch, daß ich dieses Trommeln als unglaublich wohltuend empfand. Irgendwann hörte ich dann jemanden rufen „Karla, komm doch endlich zu uns." Ich erwachte wie aus einem Traum. Keine Ahnung, wie lang ich da nun schon lag. Ich weiß jedenfalls, daß ich nicht hoch kam. Auf mir lagen gefühlt mehrere Zentner Blei und ich kam einfach nicht hoch. Nach mindestens einer weiteren Stunde konnte ich dann aufstehen, war dann aber nicht mehr fähig, mich zu den Anderen zu gesellen, sondern bin in *mein Zimmer gegangen, um zu schlafen.*

Ich habe nicht mehr weiter darüber nachgedacht, nicht am nächsten Tag, nicht am übernächsten Tag, sondern erst wieder in meiner letzten Psychose vor ein paar Monaten, und zwar, weil eine Freundin von mir vorgeschlagen hatte, in ein kleines Kino in ihrem Wohnort zu gehen. Es liefe ein Film über eine Frau, die nach einem „Schamanen-Trommeln" in Trance gefallen war. Sofort dachte ich an jenen Abend in der Toskana und wollte mit ihr diesen Film sehen.

Es hat mich plötzlich brennend interessiert, was diese Frau erlebt hat.

11.11.2020

Außer meiner Freundin und mir waren nur noch 2 andere Frauen in dem Kino... also es war sehr gemütlich und ich war gespannt und gleichzeitig aufgeregt, ob es irgendwie irgendetwas gab, was mich an das Ereignis in der Toskana erinnerte. Ich will nur kurz berichten, denn ich habe nicht viel Zeit... ich habe ein Früchtebrot im Ofen und muß aufpassen, daß es mir nicht verbrennt und Emma wirbelt immer wieder durch's Wohnzimmer... da kann ich mich sowieso nicht konzentrieren.

Aber vielleicht ganz schnell noch, jetzt, wo es gerade ruhig ist. Also die Frau, sie war eine Journalistin, hatte den Auftrag bekommen, in die Mongolei zu reisen, um ein bestimmtes, dort wohnendes Volk in ihrem Alltag zu begleiten. Sie wurde herzlich dort empfangen von den Einheimischen, die in Zelten lebten, fern ab der Zivilisation, wie wir sie gewohnt sind. Eines Abends sollte ein Fest zelebriert werden. Einige der Dorfbewohner sassen im größten Zelt im Kreis am Boden. Eine Schamanin in festlich geschmückter Tracht hatte in der einen Hand eine Trommel, mit der anderen Hand schlug sie rhythmisch darauf, um Geister und Gottheiten herbeizurufen. Sie schlug immer schneller und tanzte ganz wild in dem Zelt, inmitten der anderen Dorfbewohner. Die Journalistin fing irgendwann an zu zittern. Zuerst zitterten ihre Hände, erst ganz wenig, dann immer stärker, dann schüttelte sie ihren Kopf, erst ganz wenig, dann immer stärker.... dann fing sie plötzlich an, wie ein Wolf *zu heulen, erst ganz leise, dann immer lauter. Sie war voller Ekstase. Die Leute um sie herum hielten sie dann fest, weil sie wild um sich schlug. Irgendwann setzte sie sich wieder, legte sich hin und schien zu schlafen... die Schamanin trommelte immer weiter, tanzte zu ihren Schlägen und summte vor sich hin. Als die Zeremonie vorbei war, erwachte die Journalistin ganz zaghaft und wollte wissen, was geschehen war. Sie hat nichts mitbekommen von Allem. Die Schamanin erzählte ihr später, daß sie selber eine Schamanin sein müsse, eine Verbindung zwischen den Gottheiten und den Geistern.*

Der Film ging so weiter, daß die Journalistin Tage darauf wieder nach Hause fuhr, weil sie mit dem Erlebten nicht klar kam. Irgendwann fuhr sie aber wieder in die Mongolei in das Dorf, um die Menschen dort, besonders aber die Schamanin und sich selber besser kennenzulernen. Es ging noch weiter, aber davon berichte ich jetzt nicht mehr; es ist nicht mehr so wichtig. Wie gesagt, dieser Kinobesuch fand während den Monaten meiner letzten Psychose statt. Ich habe das natürlich gleich auf mich persönlich bezogen. Ich dachte „Oh mein Gott, vielleicht war ich auch in einer gewissen Art von Trance bei dem Schamanen-Trommeln in der Toskana und habe irgendwelche seltsamen Dinge getan". Das mußte ich genauer wissen.

Also habe ich mich mit Tom getroffen, der mit uns morgens wandern gegangen ist beim Trommel-Workshop, und den ich irgendwie immer gern mochte. *Vor etlichen Jahren hatte ich ihn das letzte Mal gesehen, irgendwann mal, als er mit einer seiner Bands aufgetreten ist, da hatte ich fasziniert zugeschaut, wie er eins war mit seinem Schlagzeug. Ich hab Tom von dem Film erzählt und ihn gefragt, ob ich mich auch komisch verhalten hatte bei dem Schamanen-Trommeln in der Toskana. Es war zwar 11 Jahre her, aber er konnte sich daran erinnern, daß ich noch lange danach liegen geblieben war und nicht mehr zur Gruppe kam an diesem Abend, aber das war es dann auch. Mehr nicht. Ok. Es war wohl eine Art Trance-Zustand, und mehr nicht. Zum Glück. Damit war dann das Thema für mich erledigt. Hätte ich Tom aber nicht gefragt, hätte ich ewig gerätselt, was damals gewesen ist, aber so war ich zufrieden und konnte wenigstens dieses Thema abschließen.*

Nun geh ich zeitlich wieder zurück in das Jahr 2009, zum Trommel-Workshop. Wie gesagt, wir hatten unglaublich viel Spaß.... und ich wurde von Tag zu Tag enthusiastischer.... was mich eigentlich gewundert hat, denn ich hatte nachts sehr wenig geschlafen, höchstens 3 oder mal 4 Stunden. Trotzdem stand ich tagsüber total unter Strom, war voller Energie und Übermut, trug 3 Stühle gleichzeitig, als wir mal was umräumten und war ständig die Erste, wenn es darum ging, irgendetwas zu helfen.

Das Trommeln in den Grüppchen drang tief in mein Herz. So kannte ich mich gar nicht. Erstens, so wahnsinnig musikalisch... ich hatte mal mit 14 im Konfirmations-Unterricht ein bißchen Gitarre spielen gelernt, aber das war es dann auch schon.... und hier lernte ich – wie ich finde – richtig schnell und gut, was man mir beibrachte. Es steckte plötzlich so viel Gefühl in meinen Händen und bei manchen Schlägen streichelte ich meine Djembe eher, als daß ich sie schlug. Es gab verschiedene Schläge, die auch unterschiedlich klangen. Wenn dann mehrere Leute noch unterschiedliche Rhythmen trommelten, war das wirklich toll anzuhören. Natürlich ging es nicht immer perfekt, aber das war ja auch nicht Sinn und Zweck des Ganzen. Ich hatte so viel Spaß mit den ganzen Leuten, kam so gut aus mit ihnen, führte tolle Gespräche. Mit einer Frau fühlte ich mich besonders verbunden irgendwie. Jetzt ist mein Mann nach Hause gekommen. Für heute *mach ich Schluß. Schönen Abend Ihnen Allen.*

13.11.2020

Wie schon geschrieben, ich habe nur sehr wenig die ganze Woche geschlafen und war den ganzen Tag aktiv, bin über mich selbst hinausgewachsen, bin übergesprudelt, war total motiviert und richtig glücklich. Alles war so harmonisch und schön.

Dann, am vorletzten Abend, passierte Folgendes: Mitten in der Nacht bellte draußen der Hund der Wirtsleute, ein Golden Retriever, der sehr lieb war und sehr verspielt. Er hörte nicht auf. Irgendetwas zog mich dann hinaus, obwohl ich eigentlich total müde war. Ich ging aus dem Häuschen, über die

Wiese, wo der Hund stand. Ich wollte ihn nicht rufen, denn die anderen Leute wären dann eventuell aufgewacht. Der Hund sah mich kommen, im Mondlicht der ansonsten stockdunklen Nacht. Ich gab dem Hund mit meiner Hand ein Zeichen, mit dem Bellen aufzuhören, so, als ob ich einen Ball prellen würde, wenn Sie wissen, was ich meine. Er war sofort ruhig. So standen wir eine ganze Weile da... die Situation war mystisch. Ich trug ein weißes Nachthemd, das ein bißchen im warmen Wind flatterte und ging mit dem Hund ein Stück weiter; auf einmal heulte er wie ein Wolf und sauste davon. Ich blieb ruhig stehen, wohl ahnend, daß er nicht lange wegbleiben würde. Mir wurde plötzlich bewusst, daß dies eine ganz besondere Nacht war... alles war so friedlich, so über und über friedlich und harmonisch. Ich weiß nicht mehr, wie lange ich so da stand, da oben auf dem Hügel, in dieser herrlichen – vom Mondlicht beschienenen – Nacht. Mir war nur plötzlich klar, daß die Welt auf mich gewartet hat.

Bitte bedenken Sie, daß ich Ihnen gerade meine Gedanken von damals erzähle, nicht die von jetzt. Ok. Also, mir war klar, daß die Welt auf mich gewartet hat. Ich war sozusagen der Nachkomme von Jesus Christus und bin gekommen, um Frieden zu verkünden. Der Hund war der Heilige Geist, der in meinem Auftrag den Frieden in die Welt tragen sollte. In diesem Moment habe ich mich so glücklich gefühlt wie noch nie in meinem Leben. Ich war so erfüllt mit Liebe und Frieden. Alles war so glasklar und rein. Keine Spur von

Traurigkeit, nur Freude in mir und um mich herum. Immer noch stand ich da in meinem Nachthemd und war fasziniert von dem Moment, der alles überschattete. Nein, überschattet ist nicht der richtige Ausdruck, denn dieser Moment „übersonnte" eher alles. Es war ein „übersonnter" Moment, eine mir pures Glück bringende Trance, wenn ich das so recht überlege. Wissen Sie, für mich war das die Wahrheit. Ich war nicht mehr die Karla, sondern plötzlich die Christin; nicht nur eine Christin, sondern die Christin, die die Welt retten würde. Das war nun mein Lebensinhalt und meine Wahrheit. Das Glück strömte durch mich hindurch. Irgendwann – es war gar nicht so lang, wie es vielleicht den Anschein macht -, vielleicht nach einer Stunde, die allerdings die längste meines Lebens war, ging ich langsam wieder zurück in mein Häuschen, um mich in mein Bett zu legen. Ob ich nochmals eingeschlafen bin in dieser Nacht weiß ich nicht mehr, aber ich weiß, daß der nächste Tag ganz normal ablief, also so normal wie die Tage zuvor. Wandern, schwimmen, frühstücken, trommeln, Kaffeepause, trommeln, Mittagessen, Pause, trommeln, Kaffeepause, trommeln, Abendessen, trommeln, Freizeit.

Es war ein schöner Tag, wie die Tage zuvor. Er war so lange schön, bis am Abend der Workshop-Leiter zu mir kam und mir sagte, wir müssten dann noch unsere Koffer packen, da wir ja morgen wieder nach Hause fahren. Ich stand vor ihm, mit offenem Mund, unfähig, irgendetwas zu sagen. Er ging dann wieder. Ich blieb stehen, eine

kurze Weile.... und ging dann in mein Häuschen,
das ich übrigens mit einer anderen Trommel-
Schülerin bewohnte. Ich nahm meinen Koffer und
legte meine Sachen hinein, ganz automatisch, wie
ein Roboter. Ich war total leer. Der Abend verlief
ruhig. Es gab noch eine Abschiedsvorstellung
unserer 4 Trommel-Lehrer. Sie haben uns Schülern
ein Schlagzeug-Konzert gegeben, das alles zuvor
Gehörte weit überbot.... zumindest für diejenigen,
die Schlagzeug lieben. Es war ein wunderbarer
musikalischer Abend, der sich in mein Herz und in
meinen Kopf bohrte. Natürlich ging er viel zu
schnell zu Ende.

Am nächsten Morgen sind wir nicht mehr
gewandert, nicht mehr geschwommen. Nach dem
Frühstück hieß es: Abschied nehmen. Der

Abschied von all den lieben Menschen war sehr emotional. Wir umarmten uns alle herzlich. Die eine Frau, von der ich kurz geschrieben hatte, mit der ich auch besonders intensive Gespräche geführt hatte, sah ich lange an und fuhr mit meinen Händen beidseits ihren Körper entlang, aber nicht direkt auf der Haut, sondern etwa zwei Händebreit entfernt davon umschrieb ich vom Kopf bis zu den Beinen ihren Körper. Sie hatte eine unglaubliche Aura, die sehr stark auf mich wirkte. Nicht, daß ich auf Frauen stehe, nein, es war ihre Ausstrahlung, die mich einfach fesselte. Ich konnte kaum noch reden und löste mich irgendwann von ihr. Dann hatten wir uns auf die verschiedenen Autos verteilt. Ich sass bei irgendjemandem im Auto hinten, hinter dem Beifahrer. Von dem Moment an, als das Auto startete, liefen mir die Tränen über das Gesicht, ganz vorsichtig und leise. Die ganze Heimfahrt über habe ich geweint, vorsichtig und leise.... schluchzend, einem Häufchen Elend gleich sass ich da. Natürlich haben die anderen im Auto bemerkt, daß ich fürchterlich traurig war und sie wollten mich anfangs aufheitern, doch das ging nicht. Was und wer hätte mich aufheitern sollen? Mich, die Christin, einfach wegzufahren von diesem heiligen Ort? Wie kann man es wagen? Ich sagte das nicht. Ich spürte das. So wie ich ab diesem Tag alles spürte, sah, hörte, roch, schmeckte und immer wieder fühlte.

Zuhause angekommen, war ich dann aber schon froh, meine Familie wieder bei mir zu haben. Meinen Mann und meine beiden Töchter, die zu diesem Zeitpunkt 11 und 12 Jahre alt waren. Ich weiß noch, welchen Pulli Emma bei meiner Ankunft trug; er war lila, mit einem Schriftzug drauf „Bumm-Bang" und einem sternförmigen Strahl. Er erinnerte mich sofort an einen Trommelschlag. Ich umarmte meine Mädchen voller Freude und die Traurigkeit war wie weggeblasen. Ich war auch froh, meinen Mann wieder bei mir zu haben; wir waren ein eingeschworenes Team...wir kannten uns seit unserem 18. bzw. 19. Lebensjahr. Zu dem Zeitpunkt, von dem ich gerade schreibe, war ich 45 Jahre alt.

Ich weiß noch, daß ich sehr ruhig war am Tag meiner Heimkehr. Am nächsten Tag sind wir zusammen zum Minigolf spielen gegangen, nachdem sich das meine Familie so sehr gewünscht hatte. Ich war sehr aufgeregt und zapplig irgendwie, traf kaum mit dem Ball in ein Loch, weil ich so zitterte. Außerdem ärgerte ich mich total, weil ich so schlecht spielte. Irgendwann waren wir wieder zuhause. Es war ein schlechter Tag für mich und ich war froh, als er vorbei war. Den nächsten Tag habe ich auch noch irgendwie rumgebracht; ich weiß zwar nicht mehr, wie, aber es kann nichts Besonderes passiert sein, sonst wüßte ich es wahrscheinlich noch.

Am dritten Tag nach meiner Ankunft aus der Toskana – es war der 09.09.2009 - war ich unruhig wie 100 Löwen, die an der Wand entlang durch ihren Käfig schleichen. Mein Herz klopfte wie verrückt. Ich hatte Todesangst. Warum das so *war, weiß ich nicht mehr.... auch nicht, wie sich das direkt ausdrückte. Ich weiß nur noch, daß ich im Laufe des Vormittags plötzlich wußte, daß ich sterben muß. Ich mußte doch die Welt retten, also blieb mir nichts anderes übrig als der eigene Tod. Ich setzte mich in die Küche auf die Eckbank, wo ich normalerweise so gerne saß, nahm mein grünes Adressbuch und blätterte das „Z" auf. „Z" wie Zyankali. Ich wollte schauen, wo ich Zyankali herbringe, dieses Gift. Ich wollte mich vergiften. In meinem ganzen Leben hatte ich noch nie irgendetwas mit Zyankali oder einem anderen Gift zu tun, aber da wußte ich genau, daß ich das jetzt ganz dringend brauchte. Ich habe es im Adressbuch nicht gefunden; klar, warum sollte das auch darin stehen. Oh mein Gott, was jetzt, was tun.... es blieb mir nur eines übrig. Ich brauchte* jetzt jemanden, der mir eine Spritze gibt; also wählte ich den Rettungsdienst. Er kam schnell, ich stief ein, ich sagte, daß ich sofort Hilfe brauchte. Der Fahrer setzte den Krankenwagen schon mal in Bewegung; der andere Sanitäter fragte mich andauernd nach meiner Krankenversicherungskarte, nach meiner Adresse und Telefon und so. Ich sagte andauernd, daß ich es nicht mehr aushalte und jetzt sofort eine Spritze bräuchte, aber er hörte nicht auf, mich auszufragen. Ich war außer mir.

Meine Finger rasen über die Tastatur; das sollten sie mal sehen oder hören.... ich erlebe diese Situation gerade nochmal und das ist sehr schwierig für mich.

Ich war außer mir. Der Mann hat nicht kapiert, daß ich kurz vor meinem Tod stand... er wollte nur seine Formalitäten erledigen, bevor er irgendeinen Finger rührte. Also bin ich ausgestiegen und schnell nach Hause zurückgelaufen... der Wagen war erst ein paar Straßen weiter gefahren, so daß ich gleich wieder zuhause war. Da kam mein Mann aus dem Haus heraus und fragte, was los sei. Ich glaube, wir hatten uns an dem Tag noch nicht gesehen. Ich sagte ihm, daß ich sofort eine Spritze bräuchte. Aufgrund meines ganzen Verhaltens hat er zum Glück verstanden, daß er schnell handeln mußte. Er hatte irgendwann einmal von einer Psychiatrischen Klinik in der Nähe gehört. Also ging er mit mir ins Schlafzimmer, um einen kleinen Koffer mit den wichtigsten Dingen für ein paar

Tage zu packen; das hab ich mitgemacht. Ich habe ihn angefleht, mit mir dorthin zu fahren, in diese Klinik, aber langsam. Er sollte ganz langsam fahren.

Wir sassen im Auto und mein Mann startete den Motor. Ich hatte fürchterliche Angst, denn ich dachte, im Auto ist eine Bombe versteckt, die jeden Moment hochgehen würde. Ich heulte wie verrückt. „Bitte fahr langsam, bitte bitte bitte. Es ist eine Bombe im Auto, fahr langsam." So ging es die ganze Fahrt, die ca. 15 Minuten dauerte. Im Krankenhaus angekommen, setzte ich mich in die Wartehalle, während mein Mann die ersten Formalitäten erledigte. Inzwischen war ich nur noch ein kleiner Haufen Elend. Unfähig, irgendwelche Bewegungen zu machen, zu reden, *zu hören, zu denken.*

Irgendwann saßen wir dann im Arztzimmer bei einem der nettesten und kompetentesten Ärzte, die ich je kennengelernt hatte (und ich kannte sehr viele Ärzte, da ich mein Leben lang mit Ärzten zu tun hatte... zwar nur als Arzthelferin und später als Sekretärin, aber man lernt sie kennen, die vermeintlichen „Halbgötter in weiß." Für mich war ein ganz bestimmter Arzt etwas ganz Besonderes, und zwar war er damals Dekan der Universität, aber nicht deshalb war er für mich etwas Besonderes, sondern weil der auch die Putzfrau grüßte und sich bedankte, daß sie seinen Papierkorb ausleerte. Nur mal so nebenbei bemerkt).

Dieser Arzt redete mit meinem Mann. Ich hörte keine ganzen Sätze, sondern zwischendurch immer nur irgendwelche Brocken. Das, was ich hörte, war der böse Wolf, der gerade die Großmutter verspeiste. Ich hörte genau, wie er sie verschlang und schmatzte. Kurze Zeit später fraß er auch das Rotkäppchen. Ich hörte, wie es in die Hütte der Großmutter kam und den Wolf im Bett erspähte, der sich verkleidet hatte. Ich gehe davon aus, daß Sie, geneigter Leser, das Märchen kennen. Ich hörte die ganze Zeit das Schmatzen des Wolfes. Unglaublich, aber wahr. Für mich zumindest war es das. Ich habe das nicht erzählt. Weder meinem Mann noch dem Arzt. Ich habe das, was ich erlebt habe, ja als normal angesehen und wahrgenommen, also mußte ich es niemandem erzählen, weil es die Anderen ja auch so empfunden und gehört haben mußten. Verstehen Sie, wie ich es meine?

Irgendwann gingen wir in ein Krankenzimmer.

18.11.2020

Verdammt, ich stecke in einer verdammten Depression. Ich dachte vor einigen Tagen, es sei etwas besser mit meinen Antriebsschwierigkeiten, aber am Montag ging es wieder steil bergab. Ich konnte nachts nicht einschlafen; habe mir viele Gedanken über die Zukunft gemacht. Es waren sehr negative Gedanken, denn ich wußte um alles in der Welt nicht, wie es weitergehen sollte. Was ist das für ein Leben, wenn ich schwer bin wie

Blei? Ich bin zwar wirklich schwer, habe ja, seitdem ich vor 11 Jahren anfing mit den Tabletten ca 30 kg zugenommen. Ich platze aus allen Nähten und gehe inzwischen wie eine Ente. Meine Haare sind sowieso schon seit Jahren grau; ich trage sie schon lange Zeit hochgesteckt... ich mag keine Haare im Gesicht. Ich bin grau und dick und fühle mich allein deshalb schon alt, aber mit meiner inneren Einstellung, die ich momentan wieder habe, fühle ich mich noch älter, steinalt. Ich bin 55, hätte, wenn ich nicht plötzlich an einem Schlaganfall oder Herzinfarkt sterben würde, vielleicht noch 30 Jahre zu leben. Das ist eigentlich gar nicht so schlecht; diese Aussicht. Aber wie soll das gehen? Jede Bewegung ist eine riesige Anstrengung für mich. Morgens nach dem Waschen und Frühstücken bin ich so erledigt, als ob ich einen ganzen Tag lang gearbeitet hätte. Geschirr in die Spülmaschine stellen geht manchmal noch, Tisch abwischen geht auch manchmal noch. Aber dann ist bei mir erstmal nichts mehr möglich. Dann muß ich mich hinlegen. Wir haben eine super bequeme Couch im Wohnzimmer stehen. Sie ist dreiteilig. Die äußeren beiden Sitze kann man zur Liege ausfahren.... Kopf nach unten, Füße nach oben. Herrlich, so dazuliegen, wenn man müde ist. Allerdings kommt das ja ständig bei mir vor. Ich bin schon irgendwie mit dem linken Couchteil verbunden... schaue von da aus in den Garten, ins Grüne, in den blauen Himmel. Das liebe ich. Ich könnte ewig so liegen bleiben, aber das geht ja nicht. Meine Kinder und mein Mann sehen, wie ich da so liege. Natürlich ist mir das wahnsinnig *unangenehm, aber was soll ich machen? Ich kann nicht anders.*

Nun, ich könnte auch ins Schlafzimmer gehen und dort im Bett liegen, aber das möchte ich nicht. Nachher gehe ich zur Ärztin; ich brauche eine Krankmeldung, da ich seit gestern nicht in der Arbeit war. Diese Hemmschwelle habe ich jetzt durchbrochen. Bis jetzt bin ich immer in die Arbeit gegangen und dachte mir, das schaffe ich schon, das krieg ich hin... und danach kann ich mich für den Rest des Tages ausruhen.

20.11.2020

Die Ärztin hat mich 3 Wochen krank geschrieben.

Ich brauche Ruhe, sagte sie. Inzwischen hatte ich Zeit, mir Gedanken um meine berufliche Zukunft zu machen. Es gibt für mich keine Möglichkeit mehr, ins Heim zurückzukehren. Ich schaffe die Arbeit nicht mehr. Es sitzen, stehen, gehen 15 an Demenz erkrankte Menschen auf der Geronto-Station um mich herum und ich muß versuchen, sie sinnvoll und froh zu beschäftigen. Jeden Tag aufs Neue. Ich schaff das nicht mehr. 8 Jahre lang hab ich das mit großer Begeisterung getan, den Menschen ein bißchen Freude zu machen, sie zum Lächeln zu bringen, ihnen gut zu tun. Es waren 8 schöne Jahre, die mein Leben so stark bereicherten, ihnen einen tiefen Sinn gaben. Aber jetzt kann ich nicht mehr; es ist so anstrengend und ich kann mir nicht mehr vorstellen, das auch nur 1 Tag weiter zu machen.

Ich habe schon öfter mit Paul, meinem Mann, über Erwerbsminderungsrente gesprochen... genau das werde ich mit meinem Arzt übernächste Woche besprechen. Ich kann meinen Beruf nicht mehr ausüben und möchte das in Anspruch nehmen, was für so einen Fall möglich ist. In diesen 8 Jahren Tätigkeit habe ich so wenig verdient, daß ich auch überhaupt kein schlechtes Gewissen habe, wenn mir der Staat nun schon mit 55 oder 56 Jahren eine Rente bezahlen würde. Ich würde dann auf geringfügiger Basis nebenbei eine Beschäftigung für mich suchen; aller Wahrscheinlichkeit nach würde ich eine Dame oder einen Herrn täglich zuhause besuchen und ihm behilflich sein in allen Belangen des Alltags, außer körperlicher Pflege... das macht dann der ambulante Pflegedienst. So stelle ich mir das jetzt vor.

Außerdem könnte ich mich bei unserer evangelischen Kirche nach einem Ehrenamt erkundigen. Ich hätte schon genug Dinge, die ich gerne tun würde. Jetzt werde ich erstmal ganz langsam, Schritt für Schritt, diesen Gedanken in mir sacken lassen, werde versuchen, nicht daran zu denken, meine Kolleginnen im Stich zu lassen, sondern werde da eher an mich selber denken. Ich müßte für diesen Erwerbsminderungs-Rentenantrag mehrere Monate krank geschrieben werden, so daß das Heim wohl niemanden in der Zeit für mich einstellen könnte. Das wäre sehr schlecht, aber es wird wohl nicht anders gehen, leider. Diese Depression, in der ich jetzt stecke, gehört noch zu meiner letzten Psychose, die mich immer noch nicht ganz losgelassen hat. Ich möchte nun davon erzählen. Hoffentlich geht mir die Kraft nicht verloren, an diesem Buch zu schreiben; bis jetzt ging es ganz gut, meine Gedanken ins Notebook zu tippen, aber meine Konzentration läßt schon wieder nach durch die Depression. Verdammt.

Ich überspringe jetzt mal ein paar Ereignisse und schreibe von meiner letzten Psychose, weil sie mir noch am Bein hängt und meine Gedanken fesselt. Als kurze Vorgeschichte sollten Sie wissen, daß ich seit meiner ersten Psychose im Jahr 2009 nochmal 2 oder 3 erlebt habe, alles unter Tabletten, die offensichtlich nicht die Richtigen waren, weil sich das sonst wohl nicht wiederholt hätte. Die letzte Psychose hatte ich 2015. Danach bekam ich neue Tabletten, die ich bis letztes Jahr genommen habe, zusammen mit Tabletten, die meine Depression heben sollten und Tabletten, die meinen Antrieb steigern sollten; es waren also 3 verschiedene Tabletten, die ich 5 Jahre lang genommen habe und die mich vor einer erneuten Psychose bewahrt hatten. Vorher, seit 2009 waren es immer mal verschiedene Mittel, bis ich irgendwann, wie eben berichtet, richtig eingestellt war. Natürlich war ich froh, daß die Tabletten in dieser Hinsicht ihre Wirkung zeigten, aber auf der anderen Seite habe ich mein Leben in den letzten 11 Jahren, seit 2009, mehr oder weniger „verschlafen". Ich befand mich in einem „Dornröschenschlaf", dieser Ausdruck passt perfekt.

Nebenbei bemerkt: Sollte ich mich in diesem Buch an der einen oder anderen Stelle wiederholen, dann ist das meist nicht beabsichtigt... dann hab ich einfach vergessen, daß ich Ihnen davon schon berichtet hatte. Ich habe keinerlei Aufzeichnungen oder Gliederungen, die ich abarbeite oder ausführe. Ich schreibe so, wie es aus meinen Gedanken in beide Hände läuft und somit über die Tastatur auf dem Bildschirm landet. Ich kann mir überhaupt nicht vorstellen, wie sich meine „Lebensgeschichte" für eine fremde Person liest.

Ich gehe ja nicht davon aus, daß mein Leben an sich interessant ist, nein, mein Grund für diese Schreiberei ist, daß ich hier alles wiedergeben kann, jederzeit mir von der Seele schreiben kann, was mich bedrückt und auf der anderen Seite, daß ich gerne möchte, daß Sie ein bißchen erfahren, wie jemand ticken kann, der eine Psychose hat. Entweder als selbst Betroffener oder als Angehöriger oder Freund oder so. Man erfährt natürlich über die Diagnose an sich und die Folgen dieser Erkrankung so Einiges, wenn man sich informiert, aber wie man sich wirklich fühlt, das ist echt Scheiße, zumindest teilweise. Teilweise auch nicht, denn schließlich beinhaltet meine Form der Psychose (schizzoaffektive Störungen) auch den Größenwahn und den Verfolgungswahn und das kann mitunter wunderbar sein.

Aber davon an anderer Stelle mehr.

26.11.2020

Ich bin dermaßen niedergeschlagen, daß ich wirklich kaum noch den Hintern hochkriege, um irgendetwas zu tun. Mit allergrößter Mühe habe ich vorhin die beiden Adventskalender für meine Töchter gefüllt. Zwei Stricke, an denen mit Zahlen bestickte Stoffsäckchen hängen, in die ich Sachen wie Schokoriegel, Gummibärchen, Kerzen oder Tee reingesteckt habe. Am Nikolaustag liegt für Linda (23 Jahre) und Emma (22 Jahre) jeweils ein Goldring von meiner Schwiegermutter drin, die sie sich neulich selber ausgesucht haben aus einem ganzen Haufen von altem Schmuck, den sie uns nach ihrem Tod hinterlassen hatte. Sicher werden sie sich sehr darüber freuen, wenn sie ihn dann in dem Säckchen finden werden. Also gut, das habe ich wenigstens geschafft, aber zu mehr bin ich nicht fähig heute. Genauso mühevoll habe ich gestern die Wohnung weihnachtlich geschmückt und einen Adventskranz gebastelt. Zwischendrin versuche ich immer, mich möglichst unauffällig eine kurze Zeit lang hinzulegen. Ich kann dann auch meistens gleich einschlafen oder wenigstens ganz tief dösen. Es ist jedenfalls alles zu viel für mich zur Zeit.... fast alles. Auf keinen Fall könnte ich jetzt arbeiten gehen. Nicht jetzt und nicht morgen und nicht in einem Monat. Ich möchte nie mehr in meine Arbeit gehen. Habe ich schon von meiner Arbeit erzählt? Hm, das glaube ich nicht; also werde ich ein bißchen davon erzählen.

Eigentlich habe ich Arzthelferin gelernt, mehrere

Jahre bei einem Orthopäden gearbeitet und dann lange Zeit in einem Universitätsklinikum, aber im Sekretariat. Nachdem mein Vater mit 63 Jahren einen schweren Schlaganfall erlitten hat, meine Schwiegermutter und die Tante meines Mannes Alzheimer bekommen haben, war ich plötzlich umgeben von traurigen Schicksalen in meiner Familie. Ich habe versucht, überall zu helfen, soweit es in meiner Macht stand. Mein Vater wurde 10 Jahre zuhause von meiner Mutter gepflegt, gewickelt, mit künstlicher Nahrung und medikamentös versorgt und gewaschen, wofür ich mich erst sehr viel später ausgiebig bei meiner Mutter bedankt habe. Anfangs war ich nicht immer einverstanden bei dem, was sie tat mit meinem Vater, aber im Grunde war alles gut und auch gut gemeint. Sie war die beste Pflegerin, die man sich vorstellen kann. In der Zeit nahmen wir die Tante meines Mannes bei uns zuhause auf. Sie wohnte im ersten Stock in einem Appartement in unserem Haus. Das ging nicht sehr lange gut, leider. Nach einem dreiviertel Jahr mußten wir sie doch ins Heim geben, weil die Symptome eines schwer dementen Menschen einfach so tragisch sind, auch für sein Umfeld... unsere Kinder waren noch recht jung und kosteten mich auch Energie und dann die Tante obendrauf. Ich hatte mir die größte Mühe gegeben, ihr den Alltag so angenehm wie nur irgend möglich zu gestalten, aber im Grunde betitelte sie mich nur als Luder, wenn sie mit anderen über mich sprach. Da ich sie aber bereits lange vor ihrer Krankheit kannte, wußte ich, daß es die Demenz war, die sie so schrecklich verändert hatte. Ich nahm es ihr im Grunde nicht übel, aber manchmal war es dann doch einfach zuviel, was hier zuhause passiert ist.

Es hat mir leid getan für Paul, sie dann doch ins Heim bringen zu müssen... und ein paar Jahre danach auch seine Mutter. Durch den Umgang mit der Demenz in der Familie und durch die Besuche im Heim, bei denen ich andere Bewohner/-innen beobachten konnte und durch die Hilflosigkeit meines Vaters, der auch ähnliche Symptome hatte wie ein an Demenz erkrankter Mensch, wuchs in mir der Wunsch, mich um pflegebedürftige Menschen zu kümmern und ihnen ein bißchen Freude zu bereiten.

Also machte ich eine Umschulung zur Betreuungskraft. Während dieser bloß ca.

zweimonatigen Umschulung, 2012, erlitt ich auch eine Psychose. Als ich zum Beispiel mit der S-Bahn zu dem Institut fuhr, in dem meine Umschulung stattfand, dachte ich, die Leute beobachten mich alle. Ich dachte, daß einige davon mich verfolgen würden. Es standen einige Polizisten herum, vor denen ich mich fürchtete, weil ich dachte, sie würden mich suchen. So ging es die ganze Zeit. Ich verhielt mich im Grunde relativ unauffällig; das Ganze fand in mir drinnen statt. Meine Ängste, meine Unsicherheit..., meine Vorstellungen, etwas Besonderes zu sein. Irgendwann mußte ich die Schule unterbrechen und landete wieder einmal in der Psychiatrischen Klinik. Als es mir nach einigen Monaten wieder besser ging, habe ich die Schulung wiederholt und alles lief ohne Hindernisse. Erst war ich noch eine

Weile zuhause, hatte noch nicht an die Klinik gedacht. Man kann schon mit einer Psychose eine gewisse Weile zurecht kommen, aber irgendwann eskaliert sie... es baut sich eine riesengroße Welle auf, die einen dann verschluckt. Diese Psychose war – wie gesagt – geprägt von Verfolgungswahn. Meine Stimmung war sehr wechselhaft, aber eher überschwenglich. Paul und ich hatten einen Tag in der Woche ein paar Freunde bei uns, mit denen wir im Keller trommelten. Wir waren in einer Samba-Trommelgruppe und mit Einigen von diesen Leuten trommelten wir auch privat. An einem dieser Tage dann, während dieser Zeit, als ich psychotisch war, trommelten wir wieder im Keller miteinander. Das war für mich eigentlich immer das Schönste. Ich war so froh, seinerzeit zu dieser Gruppe dazu gekommen zu sein, um den

Rhythmus, den ich schon immer in mir spürte, loslassen zu können. Man bewegte den ganzen Körper dabei im Takt. Es war für mich ein Traum. Das Loslassen können dieser inneren Gefühle, den Takt durch den Körper, durch die Arme in die Hände schicken und dann über die Trommel hörbar wiedergeben. Perfekt für mich. Nun ja.

Während dieser Psychose war es aber alles andere als perfekt. Ich merkte es ziemlich schnell, daß etwas nicht stimmte. Mir wurde schlecht beim Trommeln und ich zitterte. Dann fiel mir wieder ein, was mir schon tagelang durch den Kopf ging. Auf Steintafeln sagten die Maya, ein Ureinwohnervolk aus Mexiko, den Weltuntergang für das Jahr 2012 vorher. Plötzlich bekam ich solche wahnsinnige Angst. Ich dachte, wir trommeln jetzt solange, bis die Welt untergeht. Mir wurde immer schlechter. Soweit ich weiß, habe ich aber den Anderen nichts von alldem gesagt, an was ich dachte. Im Nachhinein wundert es mich, daß das nicht aufgefallen ist bzw. sie mir nicht auf der Stirn geschrieben stand, diese unsagbare Angst. Ich weiß nur, daß ich gesagt habe, daß mir schlecht ist. Irgendwann habe ich mich dann zurückgezogen und bin ins Schlafzimmer gegangen. Dort habe ich dann vor lauter Angst gedacht, ich muß mich selber umbringen, ich kann nicht abwarten, was geschehen wird, sondern muß jetzt sterben. Vielleicht würde dann ja die Welt gerettet werden, wenn ich mich freiwillig opfern würde. Ich hab mich hingelegt. Auf meinem Nachttisch lagen meine Tablettenschachteln. Zu der Zeit nahm ich verschiedene Tabletten; ich habe mindestens eine ganze Schachtel geschluckt, Wasser dazu getrunken. Dann bin ich eingeschlafen.

Am nächsten Morgen war ich wieder wach und wußte kaum noch, was geschehen war. Heute kann ich auch nicht weiter über die Zeit danach berichten. Ich weiß nur, daß ich dann wieder ins Krankenhaus kam, wo man wieder versuchte, mich richtig medikamentös einzustellen, was bis dato offensichtlich noch nicht gelungen war.

Ach ja, ich weiß noch, daß ich dort in der Psychiatrischen Klinik durch die Gänge ging und daran dachte, wie schön das war, daß mir die Klinik gehörte und daß es Leute gab, die Bilder für mich malten und sie mir an die Wände *hängten.*

In einer Psychose bin ich extrem ich-bezogen. So bin ich eigentlich nicht. Ich war immer relativ selbstlos, habe zuerst an Andere gedacht, dann an mich. Auch jetzt wirke ich vielleicht narzisstisch, könnte ich mir vorstellen. Mit meinem Größenwahn, meinem „Ich-Denken". Ständig rede ich nur von mir, aber – ehrlich gesagt – ist das ja auch meine Absicht gewesen, hier in diesem Buch die Dinge zu erzählen, die mir im Laufe der letzten Jahre widerfahren sind.

So eine Tablettenumstellung dauerte meistens ca. 6 Wochen. Dann war ich wieder einigermaßen „normal", wie auch immer man das definieren möchte. Nach dieser Psychose hatte ich dann wieder 2015 eine, an die ich mich jetzt aber erst noch erinnern muß. Ach ja. Ein paar Fetzen weiß ich noch; ich schreibe einfach mal so auf, was mir einfällt. Leider – wie schon eingangs erwähnt – gibt es keinen roten Faden, an dem Sie sich entlang hangeln können. Es ist das Chaos in meinem Kopf, das keinen ordentlichen und chronologischen Aufbau meiner Geschichte zuläßt. Egal. Sie kriegen das hoffentlich alles in den richtigen Hals und können – was mein ersehntes Ziel ist – in irgendeiner Hinsicht etwas mit meinen Erlebnissen anfangen. Wenn Sie jemand sind, der auch unter Psychosen leidet, dann erkennen Sie sich vielleicht an der einen oder anderen Stelle oder Situation wieder und freuen sich vielleicht sogar, nicht der Einzige auf der Welt zu sein, der dachte, er wäre der

Nachfolger von Jesus Christus. Wenn Sie ein Partner sind, dann verstehen Sie Ihren Partner jetzt vielleicht ein bißchen besser, wissen, zu was wir Psycho-Leute alles imstande sind, wie kreativ und genial wir doch eigentlich sein können, denn das, was wir uns einbilden, das kann vielleicht ein guter Schauspieler im Film wiedergeben, nachdem er ein Drehbuch gelesen hat, das irgendjemand geschrieben hat, aber im Grunde ist es ja gar keine Einbildung, denn es ist ein zweites Leben, das wir da leben. Es läuft parallel zum vorigen Leben... und es ist total real. Nichts von dem, was man in einer Psychose erlebt, wird – in der akuten Phase – in Frage gestellt. Das kommt dann erst nach ein paar Wochen. Ein paar Wochen nach Tabletteneinnahme und ein paar Wochen nach unzähligen schlaflosen Nächten, in denen man Zeit hat, sich Gedanken über das zu machen, was passiert ist in den letzten Wochen und über das, was passieren wird in der Zukunft.

Diese Gedanken machen Einen verrückt. Ich hatte Nächte, da habe ich 1 oder 2 oder 3 Stunden geschlafen, weil ich vor lauter Nachdenken nicht einschlafen konnte. Ich weiß, daß es anderen Leuten auch so geht, aber im Moment kann ich das ja nicht beurteilen, sondern erzähle Ihnen nur aus meinem eigenen Blickwinkel. Natürlich ist man dann tagsüber fertig. Fertig wegen des Schlafmangels und sowieso fertig wegen der Niedergeschlagenheit, die Einen übermannt, nachdem das Kartenhaus zusammenfällt, das man sich über Wochen oder sogar Monate aufgebaut hatte. Das tut weh, glauben Sie mir. Es tut weh, zu spüren, daß man gar nichts für den Weltfrieden getan hat, wie man lange Zeit gedacht hatte und darüber so glücklich war, wie man es nur sein konnte.

Es tut weh, zu spüren, daß man gar nicht in ein Schloß am Starnberger See einziehen wird, das man sich selber ausgesucht hat. Ich hatte über sämtliche Schlösser oder Villen an einem nahe gelegenen See, die ich im Internet fand, ein wenig nachgelesen und eines, das mir so wahnsinnig gut gefiel von der Beschreibung her, hatte ich auserkoren als meinen zukünftigen Lebensraum. Dieses Schloß hatte eine lange Geschichte; es gehörte einem ganz besonderen Künstler, Dichter, Komponisten, Maler, Philosophen, Musiker und wurde nach dessen Tod an die örtliche Gemeinde *übergeben. Mit meiner allerliebsten Freundin Marie bin ich mal hingefahren, um es mir anzusehen; es lag direkt am See, dahinter ein anderes Haus und viele Bäume, so daß man nicht viel davon zu sehen bekam, aber das machte mir nichts aus. Dort wollte ich wohnen... mit meinem Mann, meinen Töchtern, meiner Mutter und meiner Freundin, die zu dem Zeitpunkt in Trennung lebte und sowieso eine neue Wohnung suchte. Als ich meinem Mann von diesem Vorhaben erzählte, fragte er mich, wer denn die Miete für das Schloß bezahlen solle. Ich meinte, das würde der Bayerische Ministerpräsident in die Hand nehmen, denn ich habe so viel für unser Land getan, da wäre das ein kleines Entgegenkommen seinerseits. Tja, so einfach war die Welt für mich.*

Auch das hat weh getan, wie gesagt, daß ich dort nicht leben konnte. Irgendwann, als mich die Tabletten wieder aus meiner Psychose herausgerissen haben, habe ich eingesehen, daß ein Leben dort nicht möglich wäre.

Es gab so vieles, was nicht gestimmt hat, was in meinem zweiten Leben aber wahr war. Ich hatte davon geschrieben, daß ich die Umschulung zur Betreuungskraft in einem Pflegeheim gemacht hatte. Es sind jetzt 8 Jahre her. Seitdem arbeite ich in einem Familienunternehmen; die ersten 5 Jahre davon Richtung Allgäu und danach habe ich – als ein weiteres Heim in meinem Wohnort gebaut wurde – gewechselt. Lange Zeit hatte ich gebraucht, um mich zu diesem Wechsel zu entscheiden, denn die Arbeit in dem ersten Heim hatte mich so erfüllt; die Tatsache, daß ich den pflegebedürftigen Bewohner/-innen ein bißchen Freude in ihrem Alltag bereiten konnte, gab meinem Leben einen richtig wertvollen Sinn, wie ich finde. Außerdem war die Zusammenarbeit mit den Kollegen so harmonisch, wie ich es von keiner vorherigen Arbeitsstelle her kannte.

Auch in dieser Zeit dort hatte ich ja zwei Mal Psychose-bedingt längere Zeit gefehlt, aber der Heim- und die Pflegedienstleiterin und die Kolleg/-innen waren all die Zeit hinter mir gestanden, haben zu mir gehalten und mir beigestanden, was mir sehr geholfen hatte. Tja, da fiel es mir schwer, zu gehen, aber die Aussicht auf eine Arbeitsstelle im Wohnort ließ mir eigentlich *keine Wahl. Inzwischen sind 3 Jahre vergangen und ich habe keine Stunde bereut, den Arbeitsplatz gewechselt zu haben. Die Tatsache, beim Aufbau eines neuen Heimes dabei sein zu dürfen, war schon allein etwas Besonderes... und dann noch unter so einem Heimleiter arbeiten zu dürfen. Er war mir von Anfang an total sympathisch und wir haben uns immer bestens verstanden. Er brachte es fertig, mich so zu motivieren, daß meine Freude, dorthin zu gehen, von Tag zu Tag größer wurde und meine Energie zu Gunsten der alten Menschen im Heim zu versprühen. Ich habe meine ganze Kraft und Leidenschaft gebraucht und verwendet, wenn ich mit den Leuten spazieren gegangen bin, wenn ich mit ihnen geplaudert oder gespielt habe, wenn wir gemalt oder gesungen oder gebacken oder gebastelt haben. Das hört sich vielleicht alles ganz einfach an, aber das war es nie. Die Leute waren zum Teil dement oder hatten zum Teil von Haus aus einen eher schwierigen Charakter; das machte die gemeinsam verbrachte Zeit nicht einfach.... aber es erfüllte ungemein. Es gab keinen Tag, an dem ich ungern in die Arbeit gegangen bin. Es gab für mich auch nie die Frage, ob ich mal „blau mache" oder so; ich war schon immer sehr pflichtbewußt. Seit dieser Zeit habe ich nicht einen einzigen Tag wegen Krankheit gefehlt; es ging mir immer gut und wenn es mir mal kurz nicht gut ging, dann habe ich es trotzdem hingekriegt, in den Dienst zu gehen. Allerdings habe ich dabei soviel Energie und Nerven gebraucht, daß ich dann zuhause platt war.*

Mit anderen Worten: Ich mußte mich, nachdem ich mittags meistens etwas gekocht hatte, erstmal hinlegen.... und das konnten dann schon mal locker 2 Stunden sein, die ich dann geschlafen habe... manchmal sogar noch mehr. Zuhause war ich erledigt, kaputt, fertig. So ging es mir seit der Tabletteneinnahme nach meiner ersten Psychose, die ich 2009 erlebte. Diese Tabletten machten mich kaputt. Natürlich waren sie wichtig, um mich vor weiteren Psychosen zu bewahren.

02.12.2020

Ich krieg meinen Hintern nicht hoch, meine Niedergeschlagenheit will kein Ende nehmen. Ich fühle mich, besonders morgens nach dem

Frühstück, als ob mir jemand von oben mit beiden Händen auf die Schultern drückt. Meine Gedanken sind fast die ganze Zeit über besonders negativ. Nicht nur abends im Bett oder nachts, wenn ich so oft aufwache, sondern auch tagsüber, ständig denke ich daran, wie ich den Tag einigermaßen glimpflich verbringen kann, den kommenden Tag, den übernächsten, die nächste Woche, Weihnachten. Weihnachten steht vor der Tür. In 3 Wochen ist Weihnachten und ich habe noch lange nicht alle Geschenke zusammen. Ich habe erst ein Mal Plätzchen gebacken und wollte doch so viele machen, wollte Stollen backen und Kuchen und was weiß ich. Und was mach ich statt dessen? Ich liege die meiste Zeit im Wohnzimmer auf der Couch und denke nach. Wie soll ich das alles schaffen? Wie soll ich weiterleben können?

Wenn ich meine Familie nicht hätte, könnte ich nicht mehr leben, das weiß ich auf jeden Fall. Sie hält mich noch.

Seit fast 2 Wochen bin ich nun daheim, krank geschrieben, übernächste Woche gehe ich wieder in die Ambulanz meiner Psychiatrischen Klinik. Ich habe mit meinem Mann überlegt, wie es weitergehen könnte. Paul sagte schon seit einiger Zeit, daß ich Erwerbsminderungsrente beantragen solle. Er versteht mich zum Glück. Ich kann nicht mehr im Heim arbeiten. Habe geheult und nachts nicht mehr geschlafen, weil ich so verzweifelt war.

Ich werde das jetzt wirklich tun. Werde mit meiner Ärztin reden, ob sie mir dabei helfen wird, daß ich diese Rente bekomme. Dann könnte ich später auf geringfügiger Basis einen Mann oder eine Frau, die pflegebedürftig sind, zuhause besuchen, für Beschäftigung oder für Erledigungen, Arztbesuche oder dergleichen. Bei einer Person kann ich mir das weiterhin gut vorstellen, aber nicht mehr bei mindestens 15 Personen gleichzeitig. Ich kann nicht mehr. Das kam ziemlich plötzlich.

Eigentlich seit der letzten Psychose. Es wurde immer schlechter mit mir; ich konnte und kann die Erlebnisse im Heim nicht mehr verkraften. Meine Energie ist aufgebraucht. Ich brauche das bißchen Energie, das ich noch habe, für meine Familie und mich.

03.12.2020

Heute früh ging es mir wieder total mies. Bin früh aufgestanden, habe gefrühstückt und dann mußte ich schnell zur S-Bahn fahren, eine liebe Brasilianerin abholen, die mir beim Putzen und Bügeln hilft, schon viele Jahre lang. Sie hat dann im Wohnzimmer gebügelt und ich – weil ich nicht anders konnte – bin in den ersten Stock ins Schlafzimmer gegangen und hab mich eine halbe Stunde hingelegt. Ich konnte nicht anders. Hab den Wecker gestellt, damit es nicht länger wird. Das tat aber gut; danach ging es mir ein kleines bißchen besser. Ich hab mich fürchterlich geschämt.... so für mich innerlich. Mein Mann bezahlt dafür, daß unser Haus geputzt und unsere Wäsche gebügelt wird und ich liege während *dessen im Bett. Es ist so schrecklich; das darf ich eigentlich gar keinem sagen. Wobei das heute eher eine Ausnahme war, denn wenn Frau E. da ist, mach ich immer mit ihr zusammen Ordnung; dann pack ich meine ganze Kraft zusammen und mache manchmal mehrere Stunden hintereinander irgendwelche haushaltlichen Tätigkeiten.*

Irgendwie brauche ich immer Druck bei Dingen, die mir nicht so liegen und die ich nicht so mag. Im Grunde ist Druck etwas, das ich hasse, aber – wie gesagt – brauche ich ihn in bestimmten Situationen. Oder nennen wir es vielleicht besser „Struktur". Ich spüre das schon, muß ich sagen. Ich würde gerne meine Chaos gegen eine gepflegte Struktur eintauschen. Unter Chaos verstehe ich zum Beispiel auch die Tatsache, daß ich jahrelang, als die Kinder noch zur Schule gingen, erst gegen Mittag gemerkt habe „Mist, schon so spät, was mache ich jetzt zum Mittagessen?"

Das Gleiche erfolgte dann am Abend. Ich weiß nicht, wie oft kein Brot oder keine Butter oder was weiß ich im Haus war, weil ich mir vorher nicht im Klaren darüber war, daß ich, wenn das Brot alle ist, wieder welches einkaufen gehen muß. Geht das anderen ADS'lern auch so, daß sie einfach über so grundlegende Dinge nicht nachdenken? Dabei ist das so wichtig... wenigstens in meiner Familie... bei meinem Mann. Er hat das jahrelang überhaupt nicht begriffen, wie man den Haushalt so vernachlässigen kann.

Ich weiß jetzt nicht, in wieweit ich haushaltsmäßig

noch in die Tiefe gehen soll... vielleicht noch das: Seit vielen Jahren schon habe ich ein Problem mit unserer Wäsche, also mit der Kleidung. Sie wurde schmutzig und landete im Waschraum, bis ich sie irgendwann gewaschen habe... da verging viel Zeit. Die schmutzige Wäsche lag darin auch auf dem Boden verteilt. Schon seit langer Zeit hat mein Mann dann das Waschen übernommen. Meine beiden Töchter waschen auch seit Längerem ihre Kleidung selber... das klappt sehr gut. Mein Mann wäscht also die Wäsche, trocknet sie und dann bleibt sie auf dem Wäscheständer hängen oder im Wäschekorb liegen. Er legt seine Sachen zusammen und ich meine; der Rest landet im Bügelkorb. Bis vor ca. 1 Jahr lagerte die frisch gewaschene und die schmutzige Wäsche in unserem Schlafzimmer, neben meinem Bett. Dort war relativ viel Platz. Es wurde immer mehr mit der Zeit. Manchmal brauchte Paul wieder einen der Wäschekörbe; dann hat er die Wäsche auf dem bereits vorhandenen Berg ausgekippt, der auf diese Weise immer höher wurde. Schmutzige und frische Wäsche konnten dann auch kaum noch auseinander gehalten werden. Außerdem flogen Staubwolken auf dem Boden herum, denn ins Schlafzimmer habe ich nie jemanden hineingelassen, außer meinem Mann und meinen Kindern. Ich habe es nicht fertig gebracht, einmal einen Besen und einen Wischlappen zu nehmen und den Parkettboden sauber zu machen. Warum? Und warum habe ich nicht die Wäsche einfach nach und nach weggeräumt?

Das habe ich erst getan, als im Frühjahr diesen

Jahres meine Freundin Marie mehrere Tage bei mir übernachten sollte, als meine Familie unterwegs war. Ich hatte keinen Urlaub bekommen und konnte deshalb nicht mitfahren. Die Aussicht allerdings, mit meiner Freundin eine Zeitlang verbringen zu dürfen, freute mich sehr. Sie sollte in meinem Bett schlafen und ich im Zimmer von Linda, neben dem Schlafzimmer. Sie können es sich nicht vorstellen, was mich das an Überwindung gekostet hat, gegen diesen Wäscheberg anzukämpfen, aber nach einigen Tagen hatte ich es geschafft, das Zimmer schön sauber für Marie herzurichten. Das war wie Ostern und Weihnachten auf ein Mal für mich. Diese Freude... ich war so glücklich, das geschafft zu haben. Ich habe ein kleines Büchlein mit Gedichten über das Glück, eine Wasserflasche, ein

Betthupferl und eine Kerze auf ihren Nachttisch gelegt bzw. gestellt.

Inzwischen weiß ich, warum ich die Wäsche auf dem Boden liegen ließ und mich nicht um sie gekümmert habe. Die Wäsche war ein Symbol für etwas. Nach langer Zeit habe ich das erkannt. Es kam ganz plötzlich in mir hoch, diese Erkenntnis. Die Wäsche war das Symbol für meine Gefühle, die mit Füßen getreten wurden. Wahnsinn, stimmt 's? Auf sowas muß man erstmal kommen! Wahnsinn. Aber es stimmt. In vielerlei Hinsicht hat man meine Gefühle früher nicht richtig ernst oder wahr genommen, egal wo... in der Familie (wobei ich ihr das nicht übel nehme), in der Schule oder Arbeit und in meinem sonstigen sozialen Umfeld. Das ging eigentlich bis zu meiner letzten Psychose in diesem Sommer. Erst jetzt merke ich bzw. ist es eher so, daß mein Mann, meine Töchter, meine Mutter, meine Kolleginnen, zum Teil meine Freunde mich verstehen. Paul hat meine psychische Erkrankung nie ernst genommen; das hat er selber so gesagt. Ich habe mich sowieso gewundert, daß die meisten Menschen um mich herum mir überhaupt nicht angesehen haben, was mit mir los war, entweder in einer akuten Psychose mit Größenwahn oder Manie oder Depression.

Eine Psychose wird irgendwie tabuisiert. Kann das sein? Niemand spricht darüber. Scheiße find ich das. Totale Scheiße. Das ist irgendwie wie damals, als sich Gunter Sachs erschossen hat, weil er wußte, daß er Alzheimer hat oder kriegen sollte. Ab dem Zeitpunkt war das Thema „Demenz" plötzlich in aller Munde und Ohren. Da muß erst irgendwas passieren, bis die Menschen sich mal für sowas interessieren. Das soll jetzt nicht heißen, daß ich mich erschießen werde, um die Psychose bekannter zu machen... erstens, weil ich ein kleines Licht bin und nicht Gunter Sachs (ich will auch gar kein großes Licht sein, Gott bewahre) und zweitens will ich ja im Grunde leben. Das Leben kann so schön sein. Ok, jetzt zur Zeit sieht es anders bei mir aus, zur Zeit ist das Leben für mich beschissen. Es ist grad nicht lebenswert, aber ich hoffe, daß diese Phase vorüber geht. Nach jeder Psychose hatte ich so eine Phase, aber diesmal ist sie sehr hartnäckig lang und intensiv. Die Psychosen werden schlimmer, es war jetzt meine vierte. Jedenfalls *habe ich das große Bedürfnis, über das zu sprechen bzw. zu schreiben, was ich erlebt habe und erlebe durch diese Krankheit.*

Paul war im Sommer mal mit mir zusammen beim Psychologen und wir bekamen dort eine umfangreiche Broschüre, wo die Psychose erklärt wurde; wie sie entsteht, was für Formen es gibt, wie man sich davor schützen kann usw. Nachdem er dieses Heft gelesen hat, war er wie ausgewechselt zu mir. Ich meine, wir sind in diesem Jahr seit 37 Jahren zusammen, aber meine Gefühle hat er erst jetzt so richtig erkannt, also ich meine die Art, wie ich ticke. Durch das Dopamin, das bei mir in zu hohem Maße ausgeschüttet wird, habe ich unter anderem schon immer dieses impulsive Verhalten, so ein aufbrausendes Temperament gehabt. Durch die 10 Jahre Psychotherapie habe ich gelernt, mit all meinen Facetten umzugehen und habe es geschafft, zu meinem einstigen puren Bauchgefühl auch den Kopf mit einzuschalten, wie ich allerdings schon an anderer Stelle berichtet habe, glaube ich. Eigentlich könnte alles so schön sein, wären da nicht die Psychosen, die ich ohne Tabletten erlebe. Aber die Tabletten dämpfen mich total. Es wird nicht besser, sondern schlechter. Aber davon erstmal genug.

Wie gesagt, mein Mann versteht mich inzwischen sehr gut und das bedeutet mir wahnsinnig viel. Verdammte Scheiße, es ist nicht Faulheit, daß ich meinen verdammten Arsch nicht hoch kriege, es ist diese verdammte Depression und es sind diese verdammten Tabletten, die mich niederdrücken, aber auch gleichzeitig bewahren wollen vor der nächsten Psychose. Ich will keine mehr erleben.

Die letzte in diesem Sommer war die schlimmste von allen. Obwohl: Im Grunde war es nur ein einziger Tag, der so schrecklich für mich war. Ein einziger Tag! Die monatelang andauernden Symptome, die ich hatte, waren zum Teil erträglich, zum Teil waren sie einfach wunderbar. So eine Psychose kann Dir unerkannte Glücksgefühle bescheren, Du erlebst in einem zweiten Leben, wovon Andere nur träumen. Im wahrsten Sinne des Wortes träumen sicher viele Leute davon, Frieden für die Welt zu stiften. Ich habe es nicht geträumt, ich habe es gelebt. Mein zweites Leben lief parallel zu meinem „normalen"

Leben ab. Ich habe nicht mit offenen Augen geträumt, sondern mit einer Selbstverständlichkeit Dinge hingenommen, die wunderbar waren. An anderer Stelle werde ich davon berichten. Jetzt gilt es, irgendetwas Eßbares für das Abendbrot herzurichten.

Ich spüre, daß das Schreiben mir unglaublich gut tut. Ich werde Dinge los, die mir auf der Seele liegen. Zwar führe ich gute und tiefsinnige Gespräche mit Marie darüber, aber es tut auch gut, es zu schreiben und somit festzuhalten. Eigentlich habe ich vor, dieses Büchlein einem Verlag vorzustellen, damit sich – wie schon vorher beschrieben – Angehörige und Leute, die mit den psychisch Kranken zu tun haben und die psychisch Kranken selber ein wenig damit auseinander setzen können, mal auf ganz normaler Ebene, nicht von einem Arzt erzählt, der die Theorie perfekt beherrscht, sondern von mir erzählt, die ich schon Einiges rund um die Psychose erlebt habe. Ich hoffe, daß ein Verlag meine Erzählung für gut befindet und ich somit die Gelegenheit bekomme, mit „meinen Lesern" vielleicht per E-Mail Kontakt aufnehmen und mich mit ihnen austauschen kann.

07.12.2020

Es geht mir – verdammt noch mal – richtig dreckig. Ich komm nicht hoch. Möchte so gern Dinge erledigen, aufräumen, abwaschen, für Weihnachten weiter an Emma´s Fotoalbum *basteln.... ich komm aber einfach nicht hoch. Habe gerade gefrühstückt und fühl mich wie nach einem Marathonlauf. Was ist das? Wie geht das weiter? Wie sieht das für meine Familie aus, wenn sie mich ständig auf der Couch liegen sieht? Heute ist Montag, gestern war Nikolaus. Das war schön, meine Mutter war da und wir haben unseren alljährlichen Advents-Familienkaffee veranstaltet. Uns liegt viel an Traditionen. Da ist zwar nicht viel dabei, aber es gibt eben Situationen oder bestimmte Abläufe, Gerichte, die es immer gab und die es weiter so geben soll. Tja, und heute bin ich erledigt. Das war ich zwar gestern auch; ich wußte nicht, wie ich den Nachmittag überleben soll, ohne einzuschlafen, aber zum Glück habe ich es geschafft. Wie soll ich mein Leben auf diese Art und Weise weiterleben?*

Ich hangel mich von Schlaf zu Schlaf.... so kann man es sagen... und zwischendurch gebe ich mir die größte Mühe, etwas zum Essen herzurichten. Wenn ich alleine wäre, würde ich gar nicht mehr aus dem Bett kommen; meine Familie ist mein Halt und für sie lohnt es sich zu leben.

Gerade kam Paul ins Wohnzimmer und wir haben geredet über meinen Zustand, wie so oft. Ich habe geheult, weil ich meinen Hintern nicht hochkriege und keine Energie habe. Was bin ich froh, daß er mich versteht und mir Ratschläge gibt. Was täte ich ohne ihn? Morgen habe ich einen Termin bei meiner Psychologin. Ich werde sie wieder um Unterstützung bitten. Leider habe ich diese Ärztin erst zwei Mal gesehen, weil der letzte Arzt aufhören mußte, durch einen Wechsel in der

Institutsambulanz. Und auch diesen kannte ich erst ein gutes halbes Jahr. Oh je. Ich hoffe, sie wird mir helfen. Ich kann nicht mehr im Heim arbeiten gehen.... obwohl es mir immer so viel Freude bereitet hat. Es hat mir so viel Sinn gegeben im Leben. Aber jetzt kann ich nicht mehr.

So, jetzt hab ich einen Mittagsschlaf hinter mir; hat sehr gut getan. Am Vormittag war ich noch kurz draußen, etwas erledigen. Auch das hat ganz gut getan, an der frischen Luft zu sein. Bin sehr froh, daß ich das geschafft hatte.... und anschließend habe ich das Mittagessen zubereitet. Für mich bedeutet das schon etwas; es gab auch schon andere Zeiten, als ich nicht mal das hingekriegt hab, sondern im Bett liegen geblieben bin. Aber was ist das mit mir? Kaum hab ich *vorhin die Augen aufgemacht, sind mir die Tränen gekommen. Meine Zukunftsängste waren sofort da und das Gefühl, nichts mehr zu können. Zum ersten Mal ist mir allerdings etwas aufgefallen, was ich in der Form vorher nie bemerkte: Der Bereich zwischen meinen Brüsten, nur ein bisschen tiefer, hat intensiv gekribbelt und der restliche Körper war unempfindlich. Mit dem Solarplexus hatte ich noch nie etwas zu tun, wußte nur, daß es die „Mitte des Körpers" genannte wurde oder „Sonnengeflecht". Nun habe ich in Wikipedia gelesen, daß der Solarplexus auch als Unterleibsgehirn bezeichnet wird, dem Empfindungen wie Sympathie und Gemeinschaftsgefühl zugeschrieben werden. Zudem sei er der Sitz des dem Unbewussten zugeordneten Teils der Seele. Ich habe also meine*

Seele gespürt; das freut mich. Ich werde in Zukunft öfter drauf achten, ob und wo ich etwas spüre.

Ich war ja bis jetzt 4 mal, glaube ich, stationär in der Psychiatrischen Klinik, zum Teil auch in der Tagesklinik. Jedes Mal habe ich dort Menschen gesehen und beobachtet, denen es offensichtlich noch viel schlechter ging als mir jetzt momentan. Die sind nur so herumgeschlichen, sahen zum Teil ganz bleich und verhärmt im Gesicht aus und sprachen nur ganz leise. Bitte verstehen Sie, ich will nicht die ganze Zeit jammern und heulen und klagen, aber ich schreibe halt zum Teil sehr aktuell auf, was mir fehlt oder aber eben auch, was mir gefehlt hat bzw. was mir widerfahren ist. Natürlich gibt es immer Leute, denen geht es noch viel schlechter, die sind körperlich behindert oder sonstwie eingeschränkt, aber im Grunde denkt man bei so einer Krankheit erstmal an sich selber, wie schlecht es Einem selbst geht. Ich war nie ein Egoist, in keinster Weise, nein... habe immer zuerst an die Anderen gedacht und für Andere mich eingesetzt. Jetzt ist es anders. Es geht ständig um mich. Bei Gesprächen mit meiner Familie, mit Marie oder auch mit anderen Freunden. Obwohl... andere Freunde habe ich schon lange nicht mehr gesehen oder gehört. Ich merke schon, daß ich mich zurückziehe, weil ich mich nicht mehr als „gesellschaftsfähig" ansehe. Das klingt vielleicht hochtrabend, passt aber sehr gut. Die Gesellschaft um mich herum drückt mich irgendwie, sie erwartet so viel von mir. Ich muß mich unterhalten, wenn ich mit jemandem zusammen bin, obwohl ich oft gar keine Lust oder Kraft dazu/dafür habe. Ich habe schon immer Bedenken, daß ich mal jemanden beim Einkaufen treffe, den ich kenne und schon länger nicht mehr gesehen habe. Allein die Frage „Wie geht es Dir?" Was soll ich da sagen? Soll ich da ehrlich sein und sagen „Es geht mir seit langer Zeit so schlecht... das Leben ist in dieser Form für mich nicht lebenswert". Ich bleibe eigentlich gerne bei der Wahrheit, so nah wie möglich. Schon immer. Außer, es geht nicht anders.

Wahrscheinlich werde ich relativ offensiv mit meiner Krankheit umgehen, auch in Zukunft. Was die eher lockeren Freundschaften oder Bekanntschaften dann davon halten, ist ihre Sache. Ich werde mich nicht verstecken. Warum *auch?*

Auch deshalb schreibe ich ja jetzt unter Anderem dieses Buch, um an eine kleine Öffentlichkeit heranzutreten, die sehen soll, was man erlebt, wenn man psychisch krank ist. Naja, Depressionen sind ja eigentlich allgemein bekannt; da muß ich wohl keine Aufklärungsarbeit leisten, oder? Das, was ich momentan erlebe, sind zum Beispiel fette Depressionen. Diese fiese Niedergeschlagenheit, dieses Gedrücktsein, als ob jemand mit beiden Händen die Schultern herunterdrückt, diese Traurigkeit, daß man bei der kleinsten Kleinigkeit anfängt zu heulen, diese Mattheit, die jeden Handgriff zur größten Mühe macht, diese Erschöpfung, die Einen ständig nach dem Bett sehnen lässt und die Einem jede

Konversation zur Qual werden lässt, diese unglaubliche Müdigkeit usw.

Wie anders ist dagegen die Manie. Irgendwie habe ich es – im Nachhinein betrachtet – geliebt, in einer Manie zu stecken. Ich erläutere Ihnen anhand einiger Beispiele, was man in einer Manie erleben kann. Zuerst fällt mir da der Wasserschlauch ein, der mir in den Händen zerbarst, als ich die Küche putzen wollte, damals vor 11 Jahren beim Trommel-Workshop in der Toskana. Was hab ich da für einen Spaß gehabt und gelacht wie selten zuvor in meinem Leben. Damals legte ich ein Tempo an den Tag, das ich – wiederum im Nachhinein betrachtet – nicht von mir kenne. Ich nahm gleich 3 oder 4 Stühle auf einmal, um sie von A nach B zu tragen, ich riss jede Arbeit an mich und sah sie aber nicht als solche an, sondern als Spaß. So auch in diesem Jahr.

Es kann sein, daß ich mich jetzt an der einen oder anderen Stelle wiederhole, wenn ich von den Erlebnissen erzähle, die ich in diesem Jahr, vor meiner Psychose hatte. Nachdem ich ja 10 Jahre lang Tabletten gegen Psychosen und Depression und Stimmungsaufheller genommen hatte, wollte ich diese absetzen, um mich mal wieder spüren zu können, um lachen und weinen zu können, um meine Gefühle zu zeigen und zu empfinden. Gesagt – getan. Im November letzten Jahres waren die 3 verschiedenen Tabletten ausgeschlichen, was mehrere Wochen gedauert hatte.... sowas geht nur mit ärztlicher Aufsicht...

und ganz langsam.

Schon zum Weihnachtsfest letztes Jahr spürte ich mehr Energie und Kraft. Die Jahre davor war es immer für mich sehr schwer, die Weihnachtstage schön und festlich für meine Töchter, meinen Mann und meine Mutter zu gestalten. Ich wollte es immer besonders schön machen; alleine das Tannenbaum schmücken am Abend vor Heilig Abend dauerte mindestens 4 Stunden, bis jede Kugel, jeder Anhänger, jedes noch so kleine Ding an dem für ihn bestimmten, schönsten Platz hing. Da ich mit dem Schmücken erst begonnen hatte, als die Mädels im Bett waren, ging das Ganze mindestens bis 3 Uhr in der Früh und somit war der Weihnachtstag von Haus aus ein Tag, an dem ich durch den Schlafmangel müder war als sonst.

Dann das Essen. Ich tat mich immer schwer, für die 3 Weihnachtsfeiertage das Essen zu planen und einzukaufen. Alles sollte besonders und lecker sein und die Tradition galt es sowieso einzuhalten, wie zum Beispiel das Kalbsschnitzel mit Kartoffelstampf und Endiviensalat am Heiligen Abend, was es schon seit Jahrzehnten bei Paul zuhause gegeben hatte und was ich in unserer Ehe dann übernommen hatte. Tja, und letztes Jahr ging mir das schon alles viel leichter von der Hand. Allein das Planen hatte schon Spaß gemacht. Ich setzte mich mit meiner Mutter zusammen und überlegte genau, was es geben sollte, schrieb alles auf. So konnte ich in aller Seelenruhe alles zu seiner Zeit einkaufen und vorbereiten.

Den Tannenbaum habe ich früher geschmückt...
Linda und Emma durften einfach ab Nachmittag
nicht mehr ins Wohnzimmer hineingehen.
Geschenke eingepackt hatte ich schon viele Tage
vorher und auch reichlich Plätzchen gebacken.
Und so weiter und so fort. Alles lief super zur
Weihnachtszeit, schon einige Wochen nach der
letzten Tabletteneinnahme.

So ging es dann im Laufe diesen Jahres weiter.
Meine damalige Ärztin hatte sich dann im
November letzten Jahres von mir verabschiedet,
da sie noch eine Weiterbildung antreten wollte,
was ich sehr schade fand, denn ich mochte sie
total gern und habe sie immer als sehr kompetent
und zuverlässig erlebt. Sie sagte mir, daß ein
junger Arzt ihre Nachfolge antreteten würde.

Vorerst hatte ich allerdings nicht vor, diesen aufzusuchen, da ja alles in Ordnung zu sein schien.

Im Februar ging es dann langsam mit den Meldungen über Corona los, Covid 19. Dieser Virus schien sich allmählich auf dem ganzen Erdball auszubreiten und sei für vorerkrankte und alte Menschen sehr gefährlich, hieß es. Ich fraß alle Nachrichten- und Talksendungen in mich hinein, um mich über diesen Virus zu informieren. Er machte mir Angst. Angst um meine Mutter, die eine chronische Lungenerkrankung hat und Angst um die Bewohner/-innen des Heimes, in dem ich arbeite. Ich hatte keine größeren Bedenken für meine Familie und mich ansonsten, aber das reichte mir schon. Die Angst wuchs von Tag zu

Tag. Die Informationen, die ich von den Wissenschaftlern aus den Fernsehsendungen erhielt, gab mir zwar ein wenig Sicherheit, aber sie nahmen mir diese Angst nicht. Ich war schon immer der Meinung, bzw. für mich persönlich ist es so, je mehr ich über eine Sache weiß, desto mehr nimmt mir das die Angst. Naja, wissen Sie, wenn man in einem Pflegeheim arbeitet und den ganzen Tag damit zu tun hat, für gute Stimmung zu sorgen und eine angenehme Atmosphäre zu schaffen, dann macht das schon etwas mit Einem. Ich bin ja in der Sozialen Betreuung beschäftigt, das heißt, ich versuche, die Menschen möglichst sinnvoll oder hauptsächlich so zu beschäftigen, daß sie Spaß daran haben. Seit Anfang des Jahres wurden wir dann den einzelnen Stationen fest zugeteilt; ich war ab da fest auf der Geronto-

Station; das war die geschlossene Abteilung, auf der die dementen, „weg lauf-gefährdeten" Menschen leben. Das war mir schon recht, da wollte ich sowieso eigentlich immer vorzugsweise arbeiten, da ich bei diesen armen Menschen den größten Sinn sehe, ihnen fröhliche, schöne Momente zu bereiten. Ich habe mich sehr schwer damit getan, selber fröhlich zu bleiben und weiterhin gute Stimmung zu verbreiten. Beim Singen der Frühlingslieder zum Beispiel stand ich vor den Menschen und habe bei jedem Lied gehofft, nicht gleich in Tränen auszubrechen, weil mir die Situation so nahe gegangen ist. Diese Angst vor dem Unbekannten. Das war schon schlimm.

Eines Tages rief ich dann wieder in der Ambulanz

der Psychiatrie an und sprach mit dem Nachfolger meiner Ärztin, was ich denn gegen diese Angst tun könnte. Er nannte mir ein paar offizielle Anlaufstellen, wo ich mich über das Internet mal informieren könnte. Gesehen hatte ich den Arzt bis dahin noch nicht, aber ich war der Meinung, daß das Telefonieren zu diesem Zeitpunkt noch ausreichte. In der Tat hat mir das, was ich im Internet gelesen habe, ein bisschen geholfen, meine Angst in den Griff zu kriegen. Es war ja schon längst von Kontakt-Einschränkungen die Rede, um eine mögliche Ansteckung zu vermeiden.

Um Ihnen meine Angst noch kurz weiter zu veranschaulichen, erzähle ich Ihnen noch etwas: Mitte März, es war ein Freitag Nachmittag, schau ich nach der Arbeit auf mein Handy und sehe eine

Nachricht von einer meiner Töchter, die mich fragte, ob sie sich mit ein paar Freunden treffen dürfte, die aber die Tage vorher in einem Gebiet beim Skifahren waren, in dem sich ganz viele Menschen mit dem Virus infiziert hatten. Ich habe ihr, ohne lange nachzudenken – sinngemäß - geschrieben: „Du darfst Dich gerne mit Deinen Freunden treffen, aber vergiss dann bitte nicht, einen Koffer mit Kleidung mitzunehmen, denn bei uns kommst Du dann erstmal nicht mehr ins Haus." Jeder, der mich kennt, weiß, daß ich meine Kinder über alles liebe und alles für sie tun würde, aber das ging mir wirklich zu weit. Ich hätte es auf keinen Fall geduldet, über die Freunde meiner Tochter den Virus ins Heim einzuschleppen. Gerade in der ersten Zeit war alles noch so neu und man mußte sich erstmal an diese neue Gefahr gewöhnen. Irgendwann ging alles in Fleisch und Blut über: Oft Hände waschen, Mund-Nasen-Schutz an gewissen Orten tragen, 1,5 m Abstand von fremden Menschen halten, wo dies machbar war, Kontakte einschränken. Ich will mich aber hier gar nicht weiter mit Corona aufhalten; es soll nur erwähnt werden, weil es eben Anfang diesen Jahres in Deutschland Einkehr hielt.

Einerseits kostete mich die Arbeit zu dieser Zeit enorm viel Kraft und Energie; ich hatte das erste halbe Jahr nur 1 Tag Urlaub, und zwar am Faschings-Dienstag, ansonsten war ich immer in der Arbeit und habe mit Leidenschaft versucht, trotz Corona gute Stimmung zu verbreiten. Andererseits hatte ich auch plötzlich viel mehr

Energie! Seit Februar/März spürte ich es ganz deutlich, daß ich viel mehr Energie hatte. Es war mehr als deutlich, daß das dadurch kam, daß ich seit November keine Tabletten mehr nahm. Ich war so glücklich! Ich strotzte nur so vor Kraft, ging jeden Tag eine halbe Stunde strammen Schrittes zu Fuß in die Arbeit und wieder zurück. Das hab ich vorher nie getan; da hätte mir die Energie gefehlt. Nunja, da hatte ich sie aber... und zwar mehr davon als je zuvor.

Meine Lieblings-Kollegin sagte zu mir: „Ich verstehe Dich, Du fühlst Dich wie eine geplatzte Champagner-Flasche." Sie hatte Recht. Genau das war es. Ich fühlte mich wie eine geplatzte Champagner-Flasche. Ich sprudelte nur so von Energie, in jeder Beziehung. Vor allem in der

Arbeit merkte ich es. Ich kümmerte mich ganz besonders eifrig um die Bewohner/-innen, spielte manchmal mit Händen und mit Füßen Luftballon mit ihnen, sang mit ihnen lauthals Schlager der 50er Jahre. Wir waren fröhlich, trotz der Angst wegen Corona. Da war es dann schon April/Mai. In der Zeit wurde ein Fragebogen bei uns im Heim verteilt, bei dem man auf die verschiedensten Themen antworten konnte. Diesen nahm ich als perfekten Anlaß dafür, mich für bessere Arbeitsbedingungen für meine Kolleg/-innen aus der Pflege einzusetzen. Es hakte an verschiedenen Enden und Ecken und ich wollte mich unbedingt mit meiner ganzen Kraft engagieren. Auf diesem Fragebogen habe ich mich in höchstem Maße beschwert über diverse Arbeitsbedingungen zum Beispiel und über Dinge, die im Heim passiert sind, die mir ganz und gar nicht gefallen.

Sie dürfen mich nicht falsch verstehen; ich war mit meinem Team der Sozialen Betreuung von der ersten Stunde an mit unserem Heimleiter super glücklich. Wir haben uns blendend verstanden und er hat uns motiviert in jeder Hinsicht und uns viel freie Hand gelassen. Wir hatten es perfekt getroffen mit unserem Team; besser hätte es nicht sein können. Nur mit der Pflege und der Hauswirtschaft gab es das eine oder andere Problem, das man meiner Meinung nach hätte ändern müssen. Dafür wollte ich mich eben einsetzen. Die Auswertung dieses Fragebogens hätte irgendwann stattfinden sollen, aber das habe ich dann nicht mehr mitbekommen.

Ich habe mich auch mit einer Kollegin und einem Kollegen zusammen getan, um über bessere Arbeitsbedingungen für die Pflege nachzudenken. Das Heim war eines von sehr vielen Heimen in ganz Bayern und gehörte einer Familie aus Niederbayern. Wir wollten einen der beiden Söhne aufsuchen und mit ihm über unsere Verbesserungsvorschläge sprechen. Dazu kam es leider auch nicht mehr.

In jeder Hinsicht ging es mir wunderbar. Dieses Gefühl, wie Dornröschen aus einem 100jährigen Schlaf aufgewacht zu sein, überrollte mich ständig. Ich verstand mich mit allen mich umgebenden Menschen prächtig, vor allem mit meinem Mann. Er hat mich ja auch jahrzehntelang nicht mehr so temperamentvoll erlebt wie zu der Zeit und hat das sehr genossen. Ich habe mich selbst ständig gefragt, wie er es all die Jahre mit mir vorher ausgehalten hat, so energielos wie ich war, und wie ich jetzt wieder bin, nebenbei bemerkt. Also er fand es prima und ich fand es prima und auch meine Töchter haben – so glaube und hoffe ich – ihre fröhliche Mutter genießen können.

19.12.2020

In letzter Zeit komme ich nicht mehr vorwärts. Ich fühl mich erschöpft und ausgelaugt; es gibt nur zwischendurch immer wieder mal Zeiten, wo es mir richtig gut geht... und die nutze ich dann, um *im Haushalt weiter zu kommen oder mich mal mit einer Freundin zu treffen oder sonstwas zu tun. Zum Schreiben brauche ich Energie und viel Ruhe. Jetzt geht es einen kleinen Moment, denke ich.*

Zuletzt habe ich ein wenig von meiner Arbeit im Heim berichtet, von meinem Chef und meinen Kolleg/-innen und kurz von meiner Familie...wie sie mich erlebt haben in diesem ersten halben Jahr ohne Tabletten. Ich muß mich erst wieder hineindenken in meine letzten Gedankengänge vom letzten Eintrag.

In der Arbeit lief es prächtig. Ich habe mich – so gut es nur irgendwie ging – mit aller Kraft und Leidenschaft um die alten pflegebedürftigen

Menschen in unserem Heim gekümmert. Auch wenn ich nicht Vollzeit beschäftigt war die letzten 8 Jahre, so habe ich immerhin täglich 5 Stunden gearbeitet und konnte auch in dieser Zeit Einiges bewirken.

Es gab oder gibt im Heim verschiedene Teilzeit-Schichten für unser Betreuungsteam; eine Früh- und zwei verschiedene Nachmittagsschichten. Man hat auf seiner jeweiligen Station (bei mir war es ja seit Anfang diesen Jahres fest die Geronto-Station, also die „geschlossene Abteilung" mit den dementen Menschen) bei der Verteilung der Mahlzeiten geholfen, man hat verschiedenen Menschen beim Essen geholfen, die das nicht mehr gut selber machen konnten, also nur unterstützt, wie zum Beispiel sich neben sie gesetzt und animiert zu essen oder immer wieder den Löffel oder die Gabel in die Hand gedrückt, so daß sie diese dann alleine zum Mund führen konnten. So ging es beim Frühstück, Mittagessen, Kaffee trinken oder Abendessen. Manchmal hat es sich ergeben, daß ich mich zum Beispiel zwischen zwei Bewohner/-innen gesetzt habe, selber etwas mit dem Löffel oder der Gabel gegessen habe und sie dadurch motivieren konnte, mich nachzuahmen. Das ging oft richtig gut und hat mich dann sehr gefreut. Aber dies nur nebenbei, damit Sie sich ein bisschen vorstellen können, wie mein Arbeitstag aussieht. Zwischen den Mahlzeiten war stets genug Zeit, die Bewohner/-innen zu beschäftigen; dazu wurde meist gemeinsam vereinbart, was man denn zusammen tun könnte. Es wurden schöne, alte Volkslieder oder Schlager der 50er Jahre gesungen, gebastelt, gemalt, kleine Puzzles gelegt, Mensch-ärgere-Dich-nicht oder andere Gesellschaftsspiele gespielt, es wurde auch gemeinsam Obst geschnitten oder anderweitig bei den Essensvorbereitungen geholfen, es fanden gemeinsame Spaziergänge statt, man schaute gemeinsam Bildbände, eigene Fotoalben oder Zeitschriften an, man machte Rätsel, las Kurzgeschichten, spielte mit einem Ball oder mit Luftballons und so weiter. All diese Dinge habe ich immer mit Leidenschaft mit den Bewohner/-innen zusammen veranstaltet. Jetzt kommt mein Mann ständig ins Wohnzimmer wegen irgendwelcher Sachen; ich muß aufhören zu schreiben... kann mich nicht mehr konzentrieren.

03.01.2021

Es ist viel Zeit vergangen seit meinem letzten Eintrag. Jetzt sitze ich gerade bei meiner Mutter zuhause im Wohnzimmer am Tisch. Vorgestern bin ich hergekommen und werde für einige Tage hierbleiben. Die Idee kam mir, weil meine Töchter über Silvester mehrere Freunde getroffen haben und ich wollte ihnen danach erstmal lieber nicht zu nahe kommen – wegen Corona – wegen meiner Mutter – wegen einer möglichen Ansteckung. Also habe ich ein kleines Köfferchen gepackt und bin hier gelandet, zu meiner und zur Freude meiner Mutter, die schon zur Weihnachtszeit so aufgeblüht war in der Gesellschaft unserer Familie. Die Weihnachtstage waren total *gemütlich, bestinnlich und schön. Wir waren die ganzen Tage zu fünft zuhause und haben diese Zeit ganz intensiv genossen, haben uns über frühere Zeiten unterhalten, haben Spiele gespielt, stundenlang den brennenden Tannenbaum angesehen, Weihnachtsmusik gehört, lecker zusammen gegessen usw. Bevor meine Mutter zu uns kam, hatten wir noch einen Corona-Test beim Arzt gemacht, um ganz unbeschwert zusammen sein zu können. Die Angst, meine Mutter unbewusst anzustecken, war ja das ganze Jahr bereits über präsent und kein einiges Treffen konnte mehr unbeschwert stattfinden, außer über die Weihnachtstage, vor denen jeder Einzelne von uns sich sozusagen in Quarantäne gegab und keine Freunde mehr traf, nicht mehr zur Schule oder in die Arbeit gehen mußte.*

Unbeschwertheit ist etwas Wunderbares, habe ich dieses Jahr für mich erfahren, denn genau das gab es durch Corona nicht mehr. Ständig Angst haben müssen, zu erkranken und den Virus weiterzugeben an vorerkrankte Mitmenschen, war morgens der erste und abends der letzte Gedanke, zumindest von mir.... wegen meiner Mutter und der Bewohner/-innen im Heim, ansonsten hätte ich für meine Familie und mich nicht so intensive Angstgefühle gehabt. Aber so war das eben.

Ich habe diese Zeit mit meiner Mutter, meinem Mann und meinen Töchtern sehr genossen, weil alle zusammen waren... in einer großen harmonischen Blase. Die Tage nach Weihnachten war ich dann aber wieder ziemlich platt und erschöpft, lag viel zuhause auf der Couch und habe geschlafen und nachgedacht. Da aber Ferienzeit der Mädels und Urlaubszeit von Paul war, war das nicht sooo schlimm, denn da liefen dann die Uhren anders, es wurde spät gemeinsam gefrühstückt und dafür auch spät Mittag gegessen, es standen keine Termine an, so daß es in keiner Weise irgendwie Druck gab. Das hat so gut getan.

04.01.2021

Jetzt springe ich wieder ein bißchen zurück in der Zeit, aber nur ein paar Monate. Wie bereits geschrieben, ging es mir im Frühjahr ohne die Tabletten einfach wunderbar. Ich sprudelte nur so über vor Temperament und Tatendrang und

Energie und Freude. Zu der Zeit ergab es sich, daß der Ehemann einer Freundin von mir, auch ein guter Freund, plötzlich schwer erkrankte. Ich führe das jetzt nur ganz kurz aus, um nicht zu sehr vom Thema abzuweichen; er kam nach einem Fahrradsturz in eine Klinik, um dort am Oberschenkel und Knie, das ihm erst zuvor künstlich eingesetzt wurde, operiert zu werden. Während der Operation blieb sein Herz stehen, er bekam eine Lungenembolie und wurde dann ins künstliche Koma versetzt, für einige Wochen. Er war in akuter Lebensgefahr. Das war für mich ganz schlimm; es hat mich zutiefst betroffen gemacht, ich bin nachts oft aufgewacht, hab an ihn gedacht, hab mich auf den Balkon gesetzt und in die Sterne geschaut und gehofft, daß ich eine Sternschnuppe sehe, die ich ihm schicken kann. So ging das über viele Wochen, bis es ihm wieder besser ging.

Fast zur gleichen Zeit hatte der Mann einer anderen Freundin ganz unerwartet einen Herzinfarkt, den er aber – Gott sei es gedankt – überlebt hat... aber eher mit Glück. Das hat mich auch sehr mitgenommen. Diese Erkenntnis der Gefahr, so plötzlich aus dem Leben gerissen zu werden, war schon extrem bitter. Mit beiden Freundinnen hatte ich zu der Zeit sehr mitgelitten und versucht, zu trösten, nach meinen Möglichkeiten. Auch ihm ging es dann eines Tages wieder gut.

Auch in dieser Zeit ergab es sich, daß der Mieter, der ein Haus von uns bewohnte, zuhause

verstorben war, was nur zufällig entdeckt wurde.
Nach vielen Wochen, die das Haus dann versiegelt
war, durften wir endlich hinein und bekamen den
Schreck unseres Lebens. Das Haus war komplett
vermüllt. Es wurden später bei der Entrümplung
ca 1600 leere Wein- und Kognacflaschen
gefunden, überall Müll; die ganze Wohnung war
mit Kot und Erbrochenem verdreckt, die Bäder
mußten vollkommen saniert werden; kein einziger
Fleck konnte so bleiben, wie er war. Die Küche
mußte auch samt Boden herausgerissen werden.
Wissen Sie, das war das Haus, in dem ich mit
meiner Familie wohnte, als die Kinder noch klein
waren, in dem wir glücklich waren... und dann
sowas. Es war ein Schock.

Natürlich tat mir der Mann leid; das Leben, das

er zuletzt gefüht hat, war ja menschenunwürdig.
Das mußte sich ungefähr in den letzten zwei
Jahren so entwickelt haben. Ich schreibe das,
damit Sie sich vorstellen können, was alles in der
Zeit zusammen kam. Wir hatten sehr viel mit der
Renovierung zu tun. Corona überall, die
Krankheiten der beiden Freunde, das vermüllte
Haus, die Angst um meine Mutter, die eine
Corona-Infektion nicht überlebt hätte und auch
jetzt nicht überleben würde, die Arbeit, in der ich
mich trotz allem fröhlich, fleißig und freundlich
um die Bewohner/-innen kümmern mußte.

Eines Tages im Juni fuhren mein Mann und die
beiden Mädels mit unserem Wohnmobil in den
geplanten Urlaub. Ich konnte nicht mitfahren, weil
wir von der Arbeit aus wegen Corona

Urlaubssperre hatten. Jede tatkräftige Hand wurde im Heim benötigt, was ich auch sehr gut verstanden und akzeptiert hatte. Also fuhr meine Familie alleine. In dieser kurzen Zeit hatte ich so viel zu tun mit all dem, was ich vorher aufgezählt hatte, besonders mit der Regelung der Renovierung. Es war so viel, was auf meinen Schultern lastete... so habe ich es tatsächlich empfunden. Jemand anders hätte einfach Eins nach dem Anderen erledigt und vielleicht nicht weiter drüber nachgedacht, was alles los war, aber ich war tief vergraben von diesem Scherbenhaufen um mich herum.

An einem Tag hatten wir in der Arbeit eine Teambesprechung, bei der so Einiges auf den Tisch kam, was ich vorher bei dieser schriftlichen

Meinungsumfrage, die Wochen vorher verteilt wurde, alles kritisiert hatte. Eine Frau mit leitender Position „moderierte" die Besprechung. Ich mochte sie nicht. Sie mochte mich nicht. Eigentlich kein Problem. Gegen alles, was sie in diesen zwei Stunden sagte, habe ich mich aufgebäumt, habe gegen alles geredet, was mich – nicht nur im Heim, sondern auch allgemein in Bezug auf Mißachtung der Pflege in der Gesellschaft – sehr aufgeregt hat. Es hat mir sogar richtig Spaß gemacht, mit der Frau zu reden, zu diskutieren, ihr meine Meinung mal ordentlich zu „geigen". Meine Kolleg/-innen hatten fast alle den Mund offen vor Erstaunen, weil sie mich nicht so kannten, so auf Konfrontation gebürstet. Wir verstanden uns ja alle prima miteinander und es war perfekt mit uns.

Ein paar Tage später – oder war es gleich der nächste.... ich weiß es nicht mehr – hatte ich Nachmittags-Dienst auf der Geronto-Station. An diesem Tag fiel mir jeder Handgriff schwer, mein Herz klopfte so laut, daß ich dachte, es müßten alle hören, die um mich herum standen, und vor allem.... ich hatte Angst, eine unglaubliche Angst, die sich in Laufe des Nachmittags immer weiter steigerte. Erst wußte ich nicht, wovor ich Angst hatte, aber sie war da. Ich versuchte, meine tägliche Arbeit so gut es ging fertig zu machen. Ich erinnere mich, daß diese Angst immer stärker wurde und zu einem Berg heranwuchs. Ich zitterte bei dem, was ich tat.

Irgendwann kam ein Kollege vorbei, den ich bat,

sich ein paar Minuten Zeit für mich zu nehmen.
Wir gingen in den Garten und setzten uns. Er war
und ist ein klasse Typ, immer freundlich und cool
und lustig. Warum, weiß ich nicht, aber ich wollte
von ihm die Geschichte um das Liebespaar Romeo
und Julia wissen. Bestimmt hat er sich innerlich
auf's Höchste amüsiert, vielleicht auch nur
gewundert, vielleicht hat er auch geahnt, was
gerade mit mir passiert; ich weiß es nicht.
Jedenfalls hat er mir von Romeo und Julia erzählt.

Ich wollte unbedingt einen anderen Namen für
meinen Mann Paul und mich finden und war
schon den ganzen Tag damit gedanklich
beschäftigt, mir passende Namen auszusuchen,
denn Paul und Karla konnten wir aus
irgendwelchen Gründen nicht mehr heißen. Es

mußten andere Namen sein.

So, nun kann ich nicht mehr weiter schreiben; das nimmt mich doch ziemlich mit und meine Energie zum Schreiben ist jetzt erstmal alle.

05.01.2021

Der Kollege hat mir, glaube ich, erzählt, daß Julia am Ende der Geschichte geköpft wurde... nun, das hat mir dann doch zu Denken gegeben und ich wandte mich von diesen beiden Namen ab, denn ich dachte, daß mir das gleiche Schicksal widerfahren würde, wenn ich Julia heißen würde. Alles, was um mich herum oder auch sonstwo auf der Welt passierte, bezog ich komplett auf meine

Person. Meine Angst wuchs immer mehr. Ich überlege gerade, wovor ich denn im Grunde zu diesem Zeitpunkt Angst hatte, aber ich komme nicht drauf. Wir sind dann unverrichteter Dinge wieder ins Haus gegangen. Meine Arbeitszeit war schon längst beendet. Ach ja, ich wußte, wenn ich jetzt nach Hause fahre, würde etwas Schreckliches passieren.

Ich kam am Büro der leitenden Angestellen, mit der ich mir auf der letzten Teambesprechung einen Schlagabtausch geliefert hatte, vorbei und ging zu ihr. Ich druckste herum, stellte ihr Fragen. Ich glaube, ich fragte sie allgemeine Dinge über die Welt, über Engel, über Frieden. Ich kann mich an diese Momente nicht mehr richtig erinnern, denn ab da steckte ich ganz tief in meiner nächsten

Psychose. Sie war nett zu mir, das weiß ich noch, aber sie konnte mir nicht helfen, daß meine Angst verschwinden würde. Wie auch? In so einem Augenblick kann einem kein Mensch auf der ganzen Welt mehr helfen; wenn man schon so tief drin steckt, realisiert man auch nichts mehr. Irgendwie bin ich heimgekommen.

Es war bereits später Nachmittag an diesem Freitag. Mein Mann war nicht zuhause; ich erinnerte mich, daß er an dem Tag etwas einkaufen wollte. Ich rief ihn auf seinem Mobiltelefon an. Zum Glück meldete er sich. Ich bat ihn inständig, sofort nach Hause zu kommen, weil es mir so schlecht ging und ich so verdammte Angst hatte. Er hat sofort gemerkt, daß es ernst ist und versicherte mir, sofort nach Hause zu fahren.

Ich flehte ihn an, ich heulte und rastete fast aus am Telefon. Zum Glück blieb Paul ruhig. Nach einer Viertelstunde kam er. In der Zeit lief ich wie ein aufgescheuchtes Reh durchs Haus, ging in jedes Zimmer, schaute nach, ob da jemand war. Ich heulte und war verrückt vor Angst. Als dann die Wohnungstür aufging, fiel ich Paul sofort um den Hals und flehte ihn um Hilfe an. Er merkte mir meine Angst natürlich an, das war nicht mehr zu übersehen oder zu überhören.

Oh Mann, das nimmt mich echt mit, diese Erinnerung an den 3.7.2020; ich hatte noch niemals in meinem 55jährigen Leben so eine Angst wie an diesem Tag.

Jetzt fällt mir das Schreiben schwer, aber ich will

unbedingt weiter schreiben, denn das sind die Momente, warum ich dieses Buch schreibe. Sie haben vielleicht selber Psychosen gehabt und können mich verstehen oder Sie können sich jetzt selber verstehen, nachdem sie lesen, daß es auch anderen Menschen so gegangen ist wie Ihnen selber.

Ich sagte zu Paul, daß wir unbedingt andere Namen bräuchten. Er hatte gerade einen Apfel in der Hand. Komisch eigentlich, warum hatte er da einen Apfel in der Hand. Egal. Es war jedenfalls so. Als ich den Apfel sah, dachte ich sofort an den Adamsapfel und darauf hin dachte ich an Adam und Eva. Adam und Eva, die beiden ersten Menschen auf der Welt. Mir war sofort klar, daß Paul und ich nun unsere Namen ändern müßten in

Adam und Eva, das Liebespaar.

Ich nahm meinen Mann an die Hand und führte ihn ins Bad. Er ließ es mit sich geschehen und wartete, was jetzt kommen würde. Wir standen am Waschbecken, ich ließ einen ganz kleinen Strahl Wasser laufen, streckte meinen rechten Daumen ins Wasser, hielt meinen Daumen vor Paul's Gesicht, zeichnete ein kleines Kreuz auf seine Stirn und sagte: „Ich taufe Dich auf den Namen Adam, im Namen des Vaters und des Sohnes und des Heiligen Geistes". Dann befeuchtete ich den Daumen nochmals und zeichnete auf meine eigene Stirn ein kleines Kreuz und sagte: Ich taufe mich auf den Namen Eva, im Namen des Vaters und des Sohnes und des Heiligen Geistes, Amen." Dies war ein mystischer Moment, wir standen da im

Badezimmer und schauten uns in die Augen. Meine Angst verschwand allmählich, ich wurde ganz ruhig.

Paul meinte dann, wir sollten in die Klinik fahren. Wir gingen ins Schlafzimmer, um einen kleinen Koffer zu packen mit den notwendigsten Sachen. Ich sagte ständig zu ihm, daß er mit mir mitkommen sollte und nicht weggehen, wenn wir in der Klinik sind. Er sollte mich nicht alleine lassen. Natürlich hat er das bejaht, um mich zu beruhigen, aber ich wurde wieder ängstlich und steigerte mich wieder tief hinein, in diese Angst. Die Fahrt in die Klinik war ganz komisch. Die männlichen Autofahrer, die uns entgegen kamen, salutierten, als sie auf Paul's Höhe waren; das haben fast alle gemacht. Sie hielten ihre Hand an *ihre Stirn, um Paul zu grüßen und ihre Ehrerbietung zu erweisen. Später fiel mir ein, daß das damit zu tun haben müßte, weil der Freund meiner Freundin Marie auch Paul hieß und jahrzehntelang bei der Bundeswehr war; ich glaube, er war Oberstabsfeldwebel oder sowas. Jedenfalls hat man ihn vielleicht auch auf diese Weise gegrüßt.... und das bezog ich auf meinen Paul.*

Während der Fahrt fing ich wieder an zu heulen, lautstark und heftig, ich hatte solche Angst. Im Nachhinein bewundere ich meinen Mann, wie ruhig er geblieben ist. Naja, er hatte diese Szene ja schon mal in ähnlicher Form erlebt, aber trotzdem. Respekt, Paul. Und Danke.

Wir kamen in der Klinik an. Ich konnte gar nicht richtig gehen, sondern schlich eher über den Boden, mit gebeugtem Rücken. Wie eine alte, bucklige Hexe aus dem Märchen schlich ich heulend in die Klinik. Paul ging zur Anmeldung.... er hatte vorher die Klinik von unserem Kommen unterrichtet.... und ich setzte mich auf einen Stuhl, unfähig noch länger zu stehen. Ich heulte und heulte; woher kommt eigentlich das ganze Wasser, wenn man so stark heult? Egal.

Dann kam eine Krankenschwester, die mich aufforderte, ihr zu folgen. Ich stand auf, wandte mich an Paul, doch der wurde wiederum aufgefordert, jetzt zu gehen. Das war der bitterste Moment in meinem Leben.... in diesem Moment, genau da, wo es mir so schlecht ging wie nie zuvor, sollte mein Mann mich verlassen. Ich flehte ihn an, zu bleiben und mit mir zu kommen, aber die Schwester sagte mehrmals, daß das nicht geht und er jetzt nach Hause gehen sollte. Ich fiel ihm um den Hals, stand eine ganze Weile so da, bis diese zickige Krankenschwester genug von dem Szenario hatte und vehement von sich gab, daß ich jetzt mit ihr kommen müsse.

Das Schreiben strengt mich dermaßen an... ich bin total kaputt jetzt. Es ist zwar gerade ruhig um mich, aber ich kann jetzt nicht mehr weiter schreiben. Schade, denn jetzt geht es erst richtig los mit meiner Geschichte.

Später mehr davon.

06.01.2021

Oh ja, das war sehr sehr schlimm für mich, daß Paul in dem Moment, wo ich ihn so sehr brauchte, gehen mußte. Für ihn war die Situation auch nicht leicht. Er hat es geschafft, mich in die Klinik zu bringen, aber in dem Moment hätte er mir auch nicht weiter helfen können. Kein Mensch auf der ganzen Welt hätte mir helfen können. Ich sage Ihnen Eins: Früher haben sich die Menschen in solchen Situationen sicherlich umgebracht; da gab es noch keine chemischen Wirkstoffe, die das Gehirn wieder gerade biegen.

Ich bin also mit dieser blöden Kuh, die mich behandelt hat wie ein Stück Dreck, mitgegangen.

Es ging einen Gang entlang, um die Ecke, rauf, weiter, und noch ein Stück, bis wir auf einer geschlossenen Station angekommen sind. Ich bin den ganzen Weg gebeugt hinter der Frau hergegangen, und zwar so stark gebeugt als hätte ich ein Kreuz auf dem Rücken, das ich zum nächsten Berg tragen mußte. Sie führte mich in ein Zimmer; es standen 3 Betten darin. Ich schleppte mich zu dem Bett am Fenster und setzte mich darauf.

Die Schwester sagte, daß ich mir Wasser am Automaten auf der Station holen sollte, worauf hin ich erwiderte, daß ich nicht mehr gehen kann. Ich konnte keinen Schritt mehr gehen, mit dieser Last auf dem Rücken und diesem riesigen Angstgefühl im ganzen Körper. Ich habe ihr gesagt: „Ich habe eine schwere Psychose, ich kann nicht mehr, bitte helfen Sie mir." Daraufhin hat doch glatt dieses Weibsbild von sich gegeben: „Ach nein, die Dame hat eine Psychose. Das ist ja das Beste, daß sich die Patienten selber eine Diagnose stellen". Sinngemäß hat sie das gesagt, so genau weiß ich es nicht mehr, aber ich weiß, daß ich gesagt habe, daß ich eine Psychose habe. Eigentlich der Wahnsinn, daß ich das in diesem Moment selber erkannt und als solche wahrgenommen habe, finden Sie nicht auch? Was hatte ich dieser Frau getan, daß sie mir nicht helfen wollte. Nochmal sagte sie, daß ich mir Wasser holen sollte. Ich nahm das allerletzte bißchen Kraft zusammen, das noch in meinen Beinen war, und ging den Gang hinunter, nahm eine Plastikflasche und füllte sie mit stillem Wasser. Ich schleppte mich ins Zimmer *zurück, setzte mich wieder auf's Bett, zog die Schuhe aus. Es war mir klar, daß ich jetzt sterben müsste, daß in dem Wasser Gift drin war.*

Am Klinikeingang hatte ich mir im Vorbeigehen eine Blüte von irgendeiner bunten Pflanze abgeknipst und mitgenommen. Diese legte ich rechts neben das Kopfkissen. Noch nie hatte ich so große Angst in meinem ganzen Leben. Trotzdem war ich nun total ruhig. Ich weinte auch nicht. Ich saß einfach auf dem Bett, mit der Wasserflasche in der Hand, setzte sie an und trank sie leer, Schluck für Schluck. Es schmeckte irgendwie komisch; klar, war ja Gift drin. Als sie leer war, stellte ich die Flasche auf den Nachttisch, legte mich auf das Bett, auf die linke Seite (auf der ich immer liege zum Einschlafen), legte meine Hand auf die Blüte und wartete nun auf meinen Tod. Wie gesagt, ich war total ruhig, obwohl die Angst nach wie vor da war, aber nichts hätte mich nun davon abhalten können, mich umzubringen. Ich mußte einfach sterben. Aus irgendeiner Überzeugung heraus war mir das klar. Irgendwann schlief ich ein.

Nach ungefähr 2 Stunden bin ich aufgewacht, draußen war es inzwischen – glaube ich – dunkel. Ich setzte mich auf; da kam die Schwester herein. Ich fragte sie „Lebe ich?" Sie hat das irgendwie bejaht und hinzugefügt, daß ich mich doch jetzt umziehen und schlafen gehen solle. Dann ging sie. Wahnsinn! Ich lebte. Wie kam das? Ich war total überrascht und froh auf der einen Seite und müde und leer auf der anderen Seite. Das einzige, was ich noch tat, war, daß ich an meine Familie und meine Kolleg/-innen eine Nachricht per Handy schrieb, so ungefähr: „Wen es interessiert.... ich lebe. Bitte weitersagen." Dann schlief ich ein.

In dieser Nacht schlief ich so tief wie noch nie in meinem Leben. Morgens bin ich aufgewacht, habe geduscht, mich angezogen, bin in den Frühstücksraum gegangen. Ich fühlte mich plötzlich irgendwie wie in einem Hotel in einem Kurzurlaub. Beim Frühstück lernte ich eine etwas jüngere Frau kennen und eine etwas ältere. Die jüngere wirkte sehr nett, wir sprachen aber nur ein paar Worte... jeder war mit sich selber beschäftigt. Die ältere Frau war sehr ruhig, sie war ein bißchen durcheinander, wollte nichts essen. Das war sozusagen genau das Richtige für meine soziale Ader. Ich kümmerte mich um diese

Frau, machte ihr kleine Häppchen aus der Semmel mit Marmelade und gab ihr diese in die Hand, die sie dann doch genüßlich verspeiste. Sei sprach – wie gesagt – kaum, aber wir drei Frauen verstanden uns eigentlich ganz gut. Ich fühlte mich gut, alles war – trotz dieser Wahnsinns-Erfahrung am Vorabend – irgendwie in Ordnung.

Naja, oberflächlich und scheinbar in Ordnung. Immerhin hatte ich die schlimmste Psychose, die man sich vorstellen kann. Ich wollte mich umbringen, ein paar Stunden vorher. Genau wie die anderen 3 Male auch; als die Psychosen eskalierten, da wollte ich mich umbringen.... oder ich mußte mich umbringen laut einer inneren Stimme oder Kraft, die mir das einredete.

Im Laufe dieses Wochenendes habe ich dann einen guten alten Freund angerufen; ich wollte, daß er – zusammen mit einem anderen Freund, den dieser aber gar nicht kannte und dem Bayerischen Ministerpräsidenten zu mir kommt und mich besucht. Ich wollte mit den 3 Männern besprechen, wie es weitergehen sollte.

Oh Mann. Irgendwie konnte der Freund dieses Treffen wohl „verzögern". Ich könnte mich gerade kaputt lachen.

07.01.2021

Das Wochenende in der Klinik verlief eigentlich ohne große Auffälligkeiten. Bei den Mahlzeiten im

Speiseraum habe ich immer der alten Dame beim Essen geholfen, die mich dabei dann stets so seltsam angeschaut hat, so, als ob sie durch mich hindurchsehen wollte. Sie bedankte sich jedesmal, aber das war es dann auch schon, was sie sagte. Ich weiß nicht, aus welchem Grunde sie auf dieser Station gelandet war. Mit der anderen, jüngeren Frau, habe ich mich zwischendurch immer ganz gut unterhalten; wir verstanden uns richtig gut und haben dann auch richtig offiziell beschlossen, Freundinnen zu werden. Naja, man spricht und verspricht viel in einer Psychose, was man dann nicht hält. Ich habe sie nie wieder gesehen oder gehört, außer.... als ich Wochen später mal in einem Arztzimmer sass, wieder in der Klinik, sah ich sie draußen im Garten. Eigentlich hatte sie mir ja ihre Telefonnummer mit Namen gegegeben, abe diesen Zettel hatte ich recht schnell wieder verloren.

Immer, wenn ich die beiden Frauen sah, dachte ich, es müßten jüdische Frauen sein. Ich weiß nicht, warum ich das dachte, denn ich kenne bewusst keine jüdischen Frauen und weiß nicht, wie ich je darauf kam. Trotzdem. Wir drei rückten an diesem Wochenende in der Klinik auf irgendeine besondere Art und Weise zusammen. Wir drei gegen die garstigen Krankenschwestern, die alle so ruppig zu uns waren.

Es befand sich auch ein ganz komischer Mann auf der Station. Er war relativ klein und schaute immer nach unten. Meistens sass er auf einem Stuhl auf dem Gang der Station, schräg gegenüber von meinem Zimmer.

An einem Abend, als ich gerade in meinem Zimmer war, hörte ich draußen plötzlich so seltsame Geräusche. So ein Gurgeln, Würgen, Stöhnen, schmerzerfüllte Laute. Ich bin nicht rausgegangen, um nachzuschauen, denn ich „wußte" ja, was draußen geschah. Dem Mann wurde draußen die Kehle durchgeschnitten, bei lebendigem Leibe wurde ihm der Adamsapfel herausgeschnitten. Dies sollte die Strafe dafür sein, daß er im Dritten Reich jüdische Frauen und Männer umgebracht hatte. Natürlich verblutete er.... und es war gut so. Später hörte ich noch, wie eine Schwester sagte, daß sie jetzt alles wieder aufwischen müßte. Als ich wenig später mein Zimmer verließ, sah man nichts mehr, weder von dem alten Mann noch von einer am Boden liegenden Blutlache.

Man könnte meinen, daß ich zuviel Thriller oder Krimis anschaue, aber das ist nicht so. Schon lange schau ich keine Filme mehr an, wo ständig Menschen erschossen bzw. anders getötet werden, oder auch Filme, in denen so eine ganz unheimliche Spannung aufgebaut wird. Das krieg ich nicht mehr auf die Reihe, das regt mich einfach innerlich so auf, daß ich davon einen riesigen Abstand nehme.

Es war ein Freitag, an dem ich in die Klinik kam, und am Montag Morgen war ich soweit, daß ich wieder nach Hause wollte. Dadurch, daß die Schwestern so ekelhaft zu uns drei Frauen war,

wollte ich mir das nicht mehr gefallen lassen.
Außerdem wollte ich einfach nach Hause zu
meiner Familie. Ich nahm ja wieder Tabletten...
und das konnte ich ebenso gut zuhause tun;
außerdem gab es ja ansonsten sowieso keine
Therapie wegen des Corona-Virus... also rief ich
Emma an, die mich dann abholte und wieder nach
Hause brachte.

Es vergingen dann viele Wochen, in denen ich
durch meine Psychose, die natürlich noch lange
Zeit nicht vorbei war, so Einiges erlebt habe.
Arbeiten gehen konnte ich natürlich nicht, aber
ich war zuhause und versuchte, mich wieder an
den normalen Alltag zu gewöhnen. Ich würde
Ihnen gerne davon erzählen, wie es in mir aussah,
was ich fühlte, sah, hörte. Eine Reihenfolge bring

ich nicht mehr zusammen; also zähle ich einfach mal so auf, was ich in den nächsten Wochen erlebt habe.

Morgens, zum Beispiel, kochte ich mir eine Tasse Kaffee, was ich früher nie tat, nahm mein Notebook mit und setzte mich auf die von mir geliebte Holzbank auf unsere Terrasse. Durch Zufall kam ich auf eine „Seite" im Internet, wo die meist angeklickten Musik-Videos aller Zeiten angezeigt wurden. Ich schaute mir Einige an und war begeistert.... und zwar vor allem deshalb, weil diese Videos „nur für mich produziert wurden". Alles war nur für mich. In einem dieser Videos nahm ein früherer Klassenkamerade teil, in den ich einst total verliebt war. Er hatte sich zwar sehr verändert im Laufe der Jahrzehnte, aber ich erkannte ihn sofort, wie er da tanzte, zwischen einem Krokodil und lauter fröhlichen Leuten.

In einem anderen Video schwang sich die Sängerin singend mit einer Liane durch den Urwald und bezwang mit einem unglaublichen Selbstbewusstsein sogar einen Tiger. In wiederum einem anderen Musik-Video sah man viele Menschen zusammen feiern, in einer Burg irgendwo im Süden. Sie waren alle ganz bunt bekleidet und tanzten wild durch die verschiedenen Säle, plantschten in einem Schwimmbecken, tummelten sich zwischen vielen bunten Kissen und Decken überall, in jedem Winkel dieser Burg, die ich zu kennen glaubte. Ich spazierte mal mit Paul auf einer riesigen Burg herum, die irgendwo in einem wunderhübschen

Ort am Meer stand. Dieses Tanzgelage erinnerte mich sofort daran und ich „wußte", daß alle nur für mich tanzten und mich darauf aufmerksam machen wollten, daß Paul und ich dieses Jahr unsere Silberhochzeit dort feiern könnten, wenn wir wollten. So ging das die ganze Zeit. Ich sah oder hörte etwas, egal ob im Internet, im Fernsehen, im Radio oder so im Alltag, und bezog es auf mich persönlich.

Ich habe anfangs bereits mal erwähnt, daß ich keine egoistische, narzisstische Frau bin oder jemals war. Das geschah immer nur in einer Psychose, dieser absolute Egoismus... oder wie heißt das, wenn man alles auf sich persönlich bezieht? Egal.

An einem Tag habe ich mal etwas in irgendeiner Schublade gesucht und eine noch original verpackte CD einer bekannten Zwei-Mann-Band gefunden, die ich mir wohl mal gekauft, aber nie angehört hatte. Ich setzte mich also wieder auf die Terrasse. Das habe ich allerdings immer nur gemacht, wenn ich alleine war, das heißt, Paul war in der Arbeit, Emma in der Uni und Linda im Fremdspracheninstitut. Also war ich vormittags immer alleine und konnte ganz ungestört irgendwas machen, was mir gefällt, was vielleicht nutzlos war, mir aber Spaß gemacht hat. Also hörte ich mir diese CD an. Ein Lied kannte ich bereits, die anderen Lieder nicht. In der CD-Hülle war der Liedtext mit dabei, so daß ich hin und wieder mitsingen konnte. Ein Lied war besser als das andere; ich war ganz schnell total begeistert von meinem Fund. Ein Lied handelte von einem Elefant, der nichts vergisst. Ich sass auf der Bank, streckte beide Arme auf dem Tisch aus und neigte meinen Kopf hin und her, im Takt der Musik. Zwischendurch sind mir auch ein paar Tränen über's Gesicht gekullert... weil ich so ergriffen war.

Merken Sie etwas? Jetzt schon? Ich selber habe es erst sehr viel später gemerkt. Es ist der Wahnsinn. Ich schreibe Ihnen, was ich meine. Ich selber war dieser Elefant, meine ausgestreckten Arme waren dessen Rüssel, mein Kopf, den ich hin und her wiegte, war der Kopf des Elefanten so wie der eines Elefanten aus dem Zoo, den ich mal gesehen hatte, der auch immer den Kopf hin und her wiegte. Ich bin mir jetzt nicht sicher, ob Elefanten das auch in freier Wildbahn machen, aber das spielt ja jetzt keine Rolle. Glauben Sie mir, ich machte das nicht bewußt, daß ich beide Arme ausstreckte, um den Rüssel des Elefanten darzustellen. Irgendwann später habe ich erst gemerkt, daß es so war. Es war unglaublich.

Ich habe die Texte dieser CD sehr genau gelesen und habe auch dort fast jedes Wort auf mich persönlich bezogen. Natürlich könnte man jetzt sagen, das ist alles Auslegungssache... so wie zum Beispiel das Horoskop, das die Astrologen schreiben für diejenigen, die daran glauben und sich das geschriebene Wort für sich zurecht rücken. Egal. Ich jedenfalls habe in jedem dieser Lieder mich selbst entdeckt, Phasen meines Lebens, Menschen, die mir in meinem Leben nahestanden oder auch nicht so nah. Mit anderen Worten: Es war mir klar, daß diese CD für mich geschrieben wurde.

Oh, wenn Sie ahnen würden, wie gut es mir tut, das alles aufzuschreiben, alles irgendwie los zu werden, mich fallen lassen zu können. Ich lasse dabei fast nichts aus. Es wird auch noch eine Weile so weitergehen, bin mit meinem Buch noch lange nicht am Ende angelangt. Ich kann mir sehr gut vorstellen, daß Sie schon längst die Lust am Lesen verloren hatten und das Buch in die Ecke geschmissen haben, aber – entschuldigen Sie diesen Kommentar – dann waren Sie nicht der richtige Ansprechpartner für mich. Dieses Buch sollen ja Menschen lesen, die auch Psychosen hatten oder deren Partner oder Kinder, sollen sich *wiederfinden in dem, was ich schreibe und sollen vielleicht selber dazu animiert werden, alles so „Tagebuch-artig oder Erinnerungs-artig" festzuhalten.*

An einem Tag traf ich beim Einkaufen die Tochter und Schwiegersohn eines Bewohners des Heims, in dem ich arbeite. Sie erzählte mir, daß ihr Vater neulich von einem Traum berichtet hatte, in dem er nach Jerusalem gefahren ist. Sie hat das noch ein bißchen ausgeschmückt, aber ich kann mich nicht mehr weiter daran erinnern... und – sehr geehrter Leser – ich dichte nichts hinzu. Es ist nichts frei erfunden, was ich schreibe; lediglich die Namen meiner Familie und anderer Personen, die ich erwähne, um keinen Bezug zu mir knüpfen zu können, denn ich möchte unerkannt bleiben....

meiner Familie zuliebe. Mir selber wäre es egal, wenn Familie, Freunde, Bekannte, Kollegen lesen, wie „verrückt" ich bin, aber meiner Familie ist es nicht egal. Deshalb die Namensänderung. Danke für Ihr Verständnis.

Als wir uns verabschiedet hatten, setzte ich mich mit meinen Einkaufstüten ins Auto. In dem Moment klingelte mein Mobil-Telefon. Es war genau 12 Uhr Mittag. Meine Mutter war dran... ich wollte in dem Moment nicht sprechen und versprach späteren Rückruf. Die Gedanken in meinem Kopf fingen an, sich im Kreis zu drehen. Aha, der Heimbewohner ist nach Jerusalem gefahren, um an meiner Stelle gefeiert zu werden. Er sollte die Krone in Empfang nehmen, die später auf meinem Haupt glänzen würde, da ich mich für den Frieden mit dem jüdischen Volk eingesetzt hatte.... damals im Krankenhaus, als ich mich mit den beiden Frauen gegen die garstigen Krankenschwestern verbündet hatte.

Außerdem hatte ich schon mein ganzes Leben lang den Wunsch nach Frieden. Harmonie und Frieden, das war mir das Wichtigste auf der ganzen Welt. Man sprach ja sogar in den Nachrichtensendungen von Friedensgesprächen von einander verfeindeten Ländern.... und ich war diejenige, die diesen Frieden gestiftet hatte. Also hatte ich es auch verdient, als die neue Königin der Juden gefeiert zu werden, finden Sie nicht auch?

Oh Du meine Güte. Ich hoffe, ich mute Ihnen nicht

zuviel zu.

Naja, ein mildes Lächeln werden Sie übrig haben für mich, das vielleicht, aber wohl mehr auch nicht, denn – seien Sie ehrlich – verstehen kann man das Ganze nicht.

10.01.2021

Verdammt, es geht mir so schlecht. Nicht im Bauch, nein, sondern im Kopf. Gestern lag ich den ganzen Vormittag im Bett, eigentlich bis zum frühen Nachmittag... ich war so erschöpft, konnte einfach nichts tun. Da ich es meiner Familie nicht mehr zumuten möchte, mich im Wohnzimmer auf der Couch liegen zu sehen, verkrieche ich mich immer wieder im Schlafzimmer, auch wenn ich nicht immer schlafen kann. Was soll ich tun? Was kann ich tun? Wie soll das Leben weitergehen? Kann ich meinem Mann so ein Leben mit mir überhaupt zumuten?

Ich hatte schon überlegt, mir irgendwo eine Zwei-Zimmer-Wohnung zu nehmen, in der ich dann alleine für mich wohne, ohne irgendjemanden zu stören. Theoretisch wäre das möglich. Praktisch wäre es im Grunde auch möglich.... aber dann ginge es mit mir nur noch bergab, ganz steil. Ich würde nur noch schlafen und essen, essen und schlafen. Bin sowieso schon fett inzwischen geworden, weil ich ständig so einen Hunger habe. Wie soll ich dieses Gewicht jemals wieder abnehmen, was ich zugenommen habe? Das wären 30 kg inzwischen. Ich kann die Disziplin nicht aufbringen, keine Süßigkeiten zu essen zum Beispiel. Wenn ich nackt in den Spiegel schaue, wird mir immer richtig schlecht.

Disziplin war noch nie meine Stärke, außer in Sachen Pünktlichkeit.... und Pflichtbewußtsein in Sachen Arbeit. Ich war – sofern es irgendwie ging – immer und überall pünktlich, denn Unpünktlichkeit empfinde ich als respektlos.... demjenigen gegenüber, der auf Einen wartet. In die Arbeit bin ich immer gegangen, ich meine jetzt zum Beispiel auch dann, wenn ich am Abend vorher gefeiert habe und ich Kopf- und Bauchschmerzen hatte. Gerade auch als junges Mädchen war ich zuverlässig, sofern ich mich richtig erinnere. Ich dachte immer „Wer feiern kann, der kann auch in die Schule oder in die Arbeit gehen."

Dieser Meinung bin ich heute auch noch, aber inzwischen habe ich ja nicht mehr vor, in die Arbeit zu gehen. Es sind jetzt fast 2 Monate, daß ich nicht mehr im Heim war. Jeder Tag, der vergeht, bringt mich weiter weg von dort, gedanklich. Ich könnte die Arbeit, die ich dort innehatte, nicht mehr ausüben. Nein, ich könnte es nicht, und wenn ich es noch so wollte. Inzwischen ist es wirklich so, daß ich schauen muß, wie ich den Haushalt bzw. das, was ich überhaupt noch mache, zuhause schaffe. Ich schäme mich extrem vor meiner Familie. Auf der einen Seite bin ich froh, daß ich es noch einigermaßen hingekriegt habe, bis die Mädels groß waren, auf der anderen

Seite schäme ich mich so sehr vor den beiden, denn sie sind erwachsene Frauen mit 22 und fast 23 Jahren, die beide mit einer Geschwindigkeit Dinge im Haushalt erledigen, wofür ich Stunden bräuchte. Sie sind flink bei jedem Handgriff, wofür ich sie sehr beneide. Wenn ich die Sachen wenigstens einfach langsam machen würde, aber ich mache ja vieles überhaupt nicht oder nur äußerst schleppend.

Meine Antriebslosigkeit ist nicht mehr zu toppen. So schlimm war es noch nie nach einer Psychose. Und das Schlimmste an dem Ganzen ist, daß es nie mehr besser werden wird; das spüre ich. Schuld an dieser Energielosigkeit sind hauptsächlich die Tabletten gegen die Psychose, die ich aber bis an mein Lebensende nehmen muß.

Der Versuch, ohne sie auszukommen, war ja schief gelaufen. Eigentlich macht mir das total Angst, daß ich nicht mehr ohne Tabletten leben kann. Wenn ich mal in den Urlaub fahren sollte und die Tabletten vergessen habe mitzunehmen, dann müßte ich – wenn ich in dem Urlaubsland keine bekomme – wieder nach Hause fahren. Kaum zu glauben. Paul hat schon die ganze Zeit gesagt bezüglich der Nebenwirkungen: „Gegen die Tabletten kommst Du nicht an." Und da hat er Recht.

Diese Antriebsschwäche ist grausam; es fühlt sich an, als ob ich eine Mumie wäre, die zwar noch lebt, aber eingewickelt ist und handlungsunfähig. Wenn Paul es doch nicht aushält mit mir und mich verläßt, dann würde ich sterben, das weiß ich. Er und die Kinder halten mich am Leben. Weil ich sie habe und auch meine Mutter, mit der ich mich mit den Jahren immer besser verstehe, werde ich mich niemals umbringen.

Der Gedanke läuft ständig durch meinen Kopf. Ständig. Was wäre, wenn ich meinem Kummer, für den ich keine Lösung finde, nicht mehr standhalten kann? Wenn ich aus lauter Verzweiflung doch mal alle Tabletten, die ich habe, auf ein Mal nehme... es wäre für meine Familie so schlimm, vor allem für meine Mädels, daß ich das niemals machen werde, zumindest nicht bewusst. Unbewusst habe ich es ja schon getan, in einer Psychose. Bis jetzt habe ich Glück gehabt, daß es nicht geklappt hat. Ich verstehe überhaupt nicht, warum die Psychose jedesmal darin gipfelt, daß ich mich oder andere mich umbringen wollen. Das ist jedesmal der Höhepunkt, wenn sie eskaliert. Komisch. Ist Ihnen das auch schon so gegangen, sehr geehrter Leser?

13.01.2021

Heute ist der 24. Geburtstag von Linda; eigentlich ein großer Grund zur Freude, zum Feiern und Fröhlich sein. Ich krieg´s auch einigermaßen hin, daß kaum jemand merkt, wie schlecht es mir heute schon wieder geht. Ich bin so kaputt, so leer. Heute Vormittag habe ich es mit allergrößter Anstrengung geschafft, einen Kuchen zu backen; oh Mann, das war ein Kraftakt, aber ich hab´s geschafft. Juhu! Ein Bisquitkuchen mit

Frischkäsecreme, Himbeeren und Heidelbeeren, in Herzform. Und oben drauf eine große 2 und eine große 4 als Kerze; Linda hat sich sehr darüber gefreut. Zwischendrin, wenn alle im Haus mit Arbeit, Uni und Schule beschäftigt sind, kann ich mich andauernd hinlegen und schlafen oder dösen. Aber werde ich davon wacher? Nein, keine Spur, aber es bleibt mir in solchen Momenten nichts anderes übrig, als mich hinzulegen, wenn es irgendwie möglich ist.

Jetzt habe ich ein bißchen Zeit und Energie, um zu schreiben. Ich will Ihnen ja berichten, wie der Alltag bei mir abläuft, mit meiner antriebslosen Depression. Ich schreibe ja im Grunde nur an den Tagen, an denen ich genug Energie habe, um meine Erinnerungen aufzuschreiben. Meistens ist mir auch das zu anstrengend. Ich ekel mich vor mir selber.

Ich wollte noch weiter vom letzten Sommer berichten. Im August waren Paul, Linda und Emma zu dritt in Barcelona; das war so geplant und das haben wir auch gemeinsam so möglich gemacht. Mitfahren konnte ich natürlich nicht, denn ich steckte noch in meiner Psychose drin; zwar war sie nicht mehr akut, aber sie war noch da. Ich würde sagen, daß sie bis Oktober noch da war; solange habe ich Zweifel gehabt, ob das wirklich alles nur eingebildet war, was ich erlebt hatte.

In dieser Zeit kam meine geliebte Freundin Marie zu mir für ein paar Tage. Es war eine wunderschöne Zeit mit ihr zusammen und wir haben es uns richtig gemütlich gemacht. Wir hatten uns viel vorgenommen. An einem Tag hatten wir geplant, an den Walchensee zu fahren und das Hotel zu besuchen, in dem Marie in früheren Jahren einmal gelebt und gearbeitet hatte. Um zum Walchensee zu gelangen, sind wir über den Kesselberg gefahren. Hierzu muß ich kurz erwähnen, daß ich vor vielen Jahren auf diesem Berg einen Motorradunfall hatte, bei dem ich nur mit Mühe vieler Schutzengel fast unverletzt geblieben war. Mir war damals in einer Rechtskurve das Hinterrad weggerutscht und ich geriet zum Teil auf die Gegenfahrbahn, während ich auf die Straße stürzte. Ein entgegen kommender Motorradfahrer konnte mir gerade noch ausweichen, stürzte dann auch, mit eher *leichten Verletzungen. Wie leicht hätte da mein Leben – so wie das vieler anderer Motorradfahrer an diesem Berg – zu Ende sein können, aber ich habe Glück gehabt. Nun gut. Auf dem Weg zum Kesselberg haben wir vorher noch kurz Halt gemacht. Mir fiel eine große Gruppe von Motorradfahrern auf und ich dachte sofort, ob das wohl die Gruppe war, mit denen ich vor langer Zeit ab und zu zu Ausflügen unterwegs war. Einer von ihnen ging kurz ganz nah an mir vorbei und sah mich an, aber ich habe ihn unter seinem Helm nicht erkannt, obwohl mir mein Gefühl sagte, daß ich ihn und die Anderen kennen würde. Wir fuhren weiter.*

Ich bin diesen kurvenreichen Berg nur äußerst langsam hoch gefahren, mit heftigem Herzklopfen und zitternden Händen, unfähig zu reden. Marie hat natürlich verstanden, was in mir vorging. Die Bilder der damaligen Fahrt und der Unfall liefen in einer Dauerschleife vor meinen Augen ab und ich mußte sehr aufpassen, daß ich einigermaßen gut weiter fahren konnte. Irgendwann kamen wir zu einer langgezogenen Kurve, die an den Leitplanken mit Leuchtfarbe und in der Mitte der Straße durch so bekannte Verkehrskegel besonders geschützt war. Mir liefen in Strömen die Tränen über's Gesicht, denn dies mußte „meine Kurve" gewesen sein. Ich bin ganz langsam gefahren, fast geschlichen, aber zum Glück fuhr nur ein Auto in großem Abstand hinter mir, so daß ich nicht zum schneller Fahren genötigt wurde. Es ging noch eine ganze Weile dann den Berg auf der anderen Seite dann wieder herab. Er ist nicht sehr hoch, aber sehr kurvenreich. Auf der anderen Seite angekommen, haben wir erstmal Halt an einem kleinen Parkplatz gemacht. Inzwischen regnete es. Wir wollten über die Straße ans Ufer des Walchensees gehen und standen am Straßenrand, um die Autos vorbeiziehen zu lassen. Ich heulte immer noch, die Tränen vermischten sich mit dem Regenwasser.

Da kam eine Gruppe von Motorradfahrern, die ganz langsam an uns vorbeifuhr, so als ob sie Marie und mich grüßen würden und extra für uns da entlang fahren würden. Ich dachte, daß dies die Gruppe war, die wir vorher an dem Rastplatz getroffen hatten. Ich heulte immer stärker und hakte mich bei Marie unter, da mir fast die Beine weggekippt wären. Als die Straße wieder leer war, sind wir rüber ans Seeufer gegangen und haben ein paar Minuten innegehalten. Wir haben nicht geredet.

Ich „wußte", daß ich in den letzten Minuten meinen Motorradunfall von damals erst verdaut hatte. Ich war damals am nächsten Tag in der Arbeit – trotz Rippenprellung – und hab eigentlich nie mehr groß davon geredet und habe den Unfall niemals verarbeitet. Das hatte ich nun dafür gründlich getan. Ich habe die Tränen vergossen, die ich damals in meinem Schock nicht vergießen konnte... und zwar reichlich. Es war nun alles wieder gut. Der Unfall von damals war vorbei und... naja, vergessen war er nicht, aber er war verarbeitet und das ist so wichtig im Leben, daß man gerade solch einschneidende Erlebnisse verarbeiten kann.

Anschließend waren wir – wie geplant – in dem Hotel und haben mit einem Kellner geredet, den Marie noch von früher her kannte. Es war ein sehr netter Mann und man merkte, wie gut sich Marie mit ihm verstanden haben muß. Später sind wir noch um's Hotel herumgelaufen; mir fiel eine uralte Grabstätte in der Nähe auf, die ich mir ein wenig genauer betrachtete. Marie glaubte, daß dort vor vielen Jahren ein Kind begraben wurde. Es regnete noch immer, aber da störte mich nicht. Ich stand an dem verwitterten Grab und dachte nur an das Kind und was wohl damals mit ihm passiert sein mußte. Schließlich sind wir weiter gefahren.

Wir haben dann noch die Tochter von Marie in ihrem Wohnort in den Bergen besucht, worüber ich mich sehr gefreut hatte, denn ich hatte sie bis dahin noch nicht kennengelernt. Sie ist eine sehr liebenswerte junge Frau, wie ich merkte.

Als wir drei noch eine Weile am Parkplatz standen, tauchte ein Auto auf und fuhr langsam an uns vorbei. Es standen ein paar Worte auf den Türen der Fahrerseite, die ich lesen konnte, aber die ich jetzt nicht aufschreiben möchte. Ich dachte, daß diese Worte extra für mich auf das Auto „geschrieben" wurden und ich diese lesen sollte, was ich ja auch getan hatte. Merken Sie, daß ich fast alles, was passierte, auf mich persönlich bezog? Zum Teil tu ich das auch heute noch, aber nur kurzzeitig, bis ich weiter darüber nachgedacht habe und dann verlassen mich solche Gedanken gleich wieder. Im letzten Sommer aber war es nicht so. Da hab ich alles aufgesaugt, was um mich herum passiert ist, habe alles auf mich bezogen und fühlte mich für alles verantwortlich. Das war zum größten Teil eigentlich gar nicht schlecht, aber zum Teil dann doch.

14.01.2021

An einem anderen Tag sind wir in ein kleines Dorf gefahren, das vielleicht eine Dreiviertel Autostunde von meinem Wohnort entfernt liegt. Dies war die erste Anlaufstelle für meine Familie und mich, als wir 1969 von Berlin nach Bayern gezogen sind. Ich bin in West-Berlin geboren, aber in München aufgewachsen. Meine Großeltern hatten in dem Ort eine alte Gastwirtschaft gepachtet und wollten diese mit uns und einer meiner Tanten mit Familie bewirtschaften. Berufsbedingt sind wir dann aber nach relativ kurzer Zeit nach München umgezogen. Meine Großeltern hatten diese Wirtschaft ein paar Jahre betrieben und sind dann aber bald nach Garmisch-Partenkirchen gezogen, um dort ihren Lebensabend zu verbringen. Dies nur kurz am Rande, aber es war wichtig für meine folgende kleine Geschichte.

Als Marie und ich in dem Dorf ankamen, fühlte ich mich um Jahrzehnte jünger; kein Wunder, denn ich war erst 5 Jahre alt, als wir damals dort gewohnt hatten. Ich fand die Wirtschaft auf Anhieb, alles kam mir so bekannt vor. Die Eingangstür mit den Treppen davor, der große Biergarten mit den uralten Kastanien, der kleine Bach, der unweit davon vor sich hinfloß und an dem wir damals immer gespielt hatten, die Kirche daneben. An der Eingangstür hing ein Schild, auf dem stand, daß nur noch geplante Veranstaltungen stattfinden würden und kein öffentlicher Gastbetrieb mehr. Schade. Ich hätte mich sehr gefreut, dort einzukehren und in Erinnerungen zu schwelgen. Statt dessen wollten wir in die Kirche gehen, ein paar Meter weiter. Leider war die Tür verschlossen. Wir haben uns die Gräber angeschaut, die alle wunderschön und frisch geschmückt waren. Erst hatte ich mich darüber gewundert, denn es war kein Feiertag und auch kein Sonntag, aber alle Gräber waren so schön hergerichtet. „Ach ja, na klar, dachte ich bei mir... die Leute wußten, daß ich zu Besuch komme und haben sie extra für mich so schön geschmückt." So einfach war das. Marie habe ich das nicht gesagt... warum auch... sie würde es sowieso wissen, daß man die Gräber gerne schön schmückt, wenn so ein hoher Besuch kommt. Ich war schließlich die Christin, zu deren Ehren das alles geschah.

Nach unserem Rundgang durch den Friedhof haben Marie und ich uns dort auf eine Holzbank gesetzt, um innezuhalten. Diese Bank war nagelneu, das sah man ihr an. Natürlich dachte ich, daß sie nur für Marie und mich dort aufgestellt wurde und daß unter der Bank oder im

Gebüsch dahinter irgendwo ein Gerät angebracht war, das unser folgendes Gespräch aufnehmen würde, denn es ist natürlich für die ganze Welt interessant, was wir beide nun zu besprechen hätten, so dachte ich. Man kann eigentlich gar nicht sagen, daß wir uns unterhalten haben, nein, im Grunde habe ich mir alles von der Seele geredet, was auf ihr lastete. Ich habe mich sozusagen im wahrsten Sinne ausgekotzt. Alles Schlechte wich Wort für Wort von mir... und mit jedem gesprochenen Wort ging es mir ein kleines Stückchen besser, obwohl ich nicht sagen kann, daß es mir zu dem Zeitpunkt schlecht ging. Es war ja die manische Phase der Psychose, die mich gefangen hielt, und die war super. Das Gefühl, wenn ich in einer Manie steckte, war zum größten Teil wirklich klasse, soweit ich mich erinnern *kann. Natürlich gab es Momente, in denen die eine oder andere Sache eskalierte und Überhand nahm, aber so normalerweise genoss ich die Manie, denn ich hatte selten zuvor so viel Energie und Kraft, egal wofür. Die Kraft drückte sich sowohl körperlich aus als auch seelisch. Ich war oder bin in einer Manie.... ja, wie soll ich das jetzt wahrheitsgetreu ausdrücken.... eine vor Selbstbewusstsein und Glück und innerlichem Frieden strotzende Frau. Ja, so kann man es kurz und knapp zusammenfassen.*

Was mir aufgefallen ist bei unserem Aufenthalt auf dem Friedhof war, daß keine anderen Menschen zu dem Zeitpunkt da waren.... und das war lang; ich glaube, wir sassen fast drei Stunden auf der Holzbank. Zum Ende hin kam dann mal eine schwangere Frau vorbei, die uns anlächelte. Bald darauf sind wir dann aber aufgebrochen. Ich fühlte mich leicht wie eine Feder und war Marie unglaublich dankbar für dieses Gefühl. Sie ist für mich die beste Zuhörerin der Welt. Außerdem reagiert sie immer so perfekt auf das, was man sagt... nämlich erst mal gar nicht... sie wartet einfach ab, ob noch was kommt. Manchmal will man ja nur reden und keine Lösung oder Ratschläge finden. Nur reden. Aber da sind wir Frauen ja sowieso etwas anders als die Männer. Männer wollen sofort Lösungen herbeiführen, egal, worum es geht. Das ist jedenfalls meine Erfahrung. Egal. Bei Marie und mir läuft es eben anders. Zwischendurch hat sie schon auch mal etwas erwidert, aber immer in meinem Sinne; das heißt, sie hat mir immer zugesprochen, wenn ich wegen irgendetwas im Zweifel war, hat sie mich positiv bestätigt. Marie ist einmalig! In ihr steckt die absolute Freundin und Therapeutin gleichzeitig. Ich habe ja Erfahrung; wie ich anfangs schon erwähnte, war ich ja über 10 Jahre in Psychotherapie und da weiß man dann am Schluß gar nicht mehr, auf welcher Seite der Theke man eigentlich sitzt. Also zumindest ging es mir so. Ich war so geübt im Zuhören von anderen Menschen, weil ich es ja bei meiner Therapeutin so mitbekommen habe. Sie hat mir auch nie Ratschläge gegeben, also fast nie, sondern immer gewartet, daß ich selber meine Erfahrung mache und von alleine die Dinge löse.

Irgendwann sind wir dann weitergefahren; unser nächstes Ziel war Garmisch-Partenkirchen. Wir *wollten wieder in die Berge fahren und... ich wollte Moni noch das Haus zeigen, in dem meine Großeltern lange Zeit gewohnt haben. Auf der Fahrt dorthin haben wir uns unterhalten. Wir unterhalten uns meistens; es gibt kaum mal Schweigeminuten, aber wenn, dann sind auch die schön und erquickend. Es ging unter anderem darum, daß ich am liebsten meine berufliche Tätigkeit wechseln würde oder .... vielleicht nicht wechseln, sondern aufstocken. In meiner Jugend hatte ich mal eine fürchterliche Erfahrung machen müssen, auf die ich jetzt aber nicht näher eingehen möchte. Sie hat mich allerdings mein Leben lang begleitet, gemäß dem Sprichwort „Die Kindheit ist ein Faß ohne Boden, sie läuft ein Leben lang an Dir herunter. "*

Ich weiß nicht warum, aber ich sagte zu Marie: „Am liebsten würde ich Straftäter im Gefängnis besuchen und sie fragen, warum sie dieses oder jenes Verbrechen begangen haben, ihnen erzählen, was mir selber passiert ist und ihnen zeigen, wie sehr so ein Verbrechen einen Menschen sein ganzes Leben lang belasten kann. Dieses Thema hat mich schon immer sehr mitgenommen. Ein Mensch begeht ein Verbrechen oder ein Vergehen, kommt ins Gefängnis... und nichts wird sich dort ändern in seinem Verhalten oder in seiner Gedankenwelt, zumindest meistens nicht. Ich hatte schon immer das Bestreben, meinem Leben Sinn zu geben... und das wäre ja zum Beispiel auch ein Weg dorthin. Vielleicht könnte ich, dachte ich, eine einzige Straftat verhindern, einen einzigen Straftäter auf die rechte Bahn bringen, das wäre sinnvoll. So haben wir uns also eine Zeitlang unterhalten und philosophiert.

In Garmisch angekommen, sind wir gleich zu dem Haus gefahren, in dem meine Großeltern eine wunderschöne, große Wohnung mit Garten hatten. Wir stiegen aus dem Auto aus und gingen ein wenig an dem Haus entlang. Ja, ich konnte mich erinnern, „da auf der Terrasse stand eine Hollywood-Schaukel, worin ich immer so gerne gesessen bin... und hier hat mein Opa seine geliebten Rosen gepflanzt und gepflegt." Es war schön, an die vergangenen Zeiten zu denken.

Wir sind ums Haus herum gegangen. Es hat sich sehr viel verändert. Ich erkannte kaum die

Hauseingänge wieder. An dem Eingang, den ich aber meinte, wieder zu erkennen, befand sich ein Schild mit der Aufschrift „Isabell B., Forensische Kriminalistik" oder so ähnlich. Es war doch einfach nicht zu fassen. Ich weiß jetzt nicht, ob die Worte genau die waren, die ich jetzt aufgeschrieben habe, aber sinngemäß stand es so auf dem Schild und genau das meinte ich auch in der Unterhaltung mit Marie. Den Ursprung eines kriminellen Menschen erkennen und versuchen, diesen zu „heilen". Mir fällt jetzt kein besseres Wort ein.

Unglaublich, daß genau an der Eingangstür dieses Schild hing. Egal, wo ich stand, fuhr, ging oder saß, überall begegnete mir Wunderbares. Alles war auf mich zugeschnitten, so dachte ich.

Ich konnte mich kaum beruhigen... Marie auch nicht übrigens. Wir waren beide ziemlich verwirrt aufgrund dieser Entdeckung. Irgendwann sind wir weiter gefahren, und zwar nur ein paar Meter zu einer Wirtschaft, die wir beide, unabhängig voneinander, aus früheren Zeiten her kannten. Wir gingen hinein und haben uns dort weiter unterhalten über dies und jenes, über Gott und die Welt. Es war herrlich, so auf den Pfaden des eigenen Lebens zu wandeln und in der Erinnerung zu wühlen. Wir genossen es beide sehr. Die Wirtschaft war voll und ich dachte natürlich, daß die Leute alle wegen mir gekommen sind. Sie wußten alle, daß ich die „Friedensbotschafterin" war und haben immer wieder zu mir herübergeschaut, bildete ich mir ein.

Oh Mann, Sie können mir glauben, es tut unglaublich gut, das jetzt alles niederzuschreiben und nochmal alles im Kopf Revue passieren zu lassen. Ich erinnere mich zum Teil wirklich haarscharf an einzelne Momente und an die Empfindung, die ich hatte. Eigentlich komisch, denn gerade mein Gedächtnis ist nicht das Beste, das war es auch früher nicht. In meiner Jugend bis Anfang 40 spielte ich Handball, mal so als Beispiel. Wenn wir gegen eine Mannschaft ein Spiel spielten, haben meine Mitspieler immer gesagt „Oh, die auf links außen müssen wir im Blick haben.... oder die halb rechts ist Linkshänder.... oder die mit dem Zopf wirft immer aus der Hüfte". Die hatten sich das alles gemerkt aus vorangegangenen Handballspielen und für mich waren das alles Mädchen oder später

Frauen, die ich niemals zuvor gesehen hatte. Oder: Wenn Paul sich mit Linda und Emma unterhält über unsere Wohnmobil-Urlaube aus den letzten Jahren, dann kann ich da kaum mitreden. Da geht es um bestimmte Strände, um bestimmte Stellplätze, Sehenswürdigkeiten, Lokalitäten oder Dörfer. Meistens verblasst das alles in mir, kurz nachdem ich Dinge erlebt habe. Ich habe irgendwie schon immer für den Augenblick gelebt, für den Moment, der gerade stattfindet. Aber so generell kann ich das eigentlich auch nicht behaupten, sonst müßte ich ja außerdem schnell mal Angst kriegen, daß ich schon dement bin. Aber warum nicht; auch in meinem Alter kann man dement sein. Aber nein, das bin ich nicht... noch nicht. Der liebe Gott möge es auch zu verhindern wissen.

Nach dem Besuch der Wirtschaft in Garmisch sind wir dann wieder zu mir nach Hause gefahren. Wir haben uns immer urgemütliche Abende bereitet. Da ja Hochsommer war, war es auch abends draußen noch schön warm, so daß wir ganze Nächte lang auf der Terrasse verbracht haben bei Kerzenschein und Campari.

15.01.2021

Im September bin ich dann für 3 Wochen in die Tagesklinik meiner Psychiatrischen Klinik gegangen. Warum eigentlich? Hm, ich glaube, ich wollte ein bißchen Struktur in meinem Tagesablauf finden. An die Zeit kann ich mich nicht mehr so genau erinnern, aber da war die Psychose schon ziemlich am Abklingen, glaube ich. Da kam dann mit großen Schritten die nachfolgende Depression, die mich auf den Boden gedrückt hat. Meine Familie ist in der Zeit mit unserem Wohnmobil nach Griechenland gefahren, so wie es geplant und gebucht war. Einerseits war ich sehr traurig, nicht mitfahren zu können, andererseits hätte ich mich zum damaligen Zeitpunkt auf keinen Fall weiter als 50 km von meinen Ärzten entfernt vor lauter Angst, daß wieder irgendetwas geschieht.

Es geschah wirklich nichts Besonderes, was ich Ihnen hier schreiben möchte, aber es war ok. Ich ging morgens zur Klinik, hatte Gespräche, Ergo- und Kunsttherapie und ging nachmittags wieder *nach Hause. Ich kannte das aus vorherigen Aufenthalten und es tat ganz gut, ja, aber ich freute mich dann auch wieder, als die 3 Wochen herum waren. Anschließend war eine damalige Arbeitskollegin von mir für ein paar Tage zum Besuch angesagt. Erst wußte ich nicht, wie ich das packen sollte, denn ich hatte mir ordentliche Tagesprogramme vorgenommen, die ich alle mit ihr unternehmen wollte. Das hab ich auch getan. Wir waren von morgens bis abends unterwegs, hatten immer schönes Wetter und haben uns richtig gut verstanden. Als sie nach 5 Tagen wieder nach Hause fuhr, bin ich zusammengeklappt wegen der doch ziemlich beträchtlichen Anstrengung. Zumindest war es für mich anstrengend, für meine Bekannte war es das nicht; sie war es gewohnt, etwas weiter zu* wandern, durch Städte zu pilgern, durch Museen zu schlendern usw. Aber – wie gesagt – es hatte uns unheimlich Spaß bereitet, aber – wiederum wie gesagt – ging es dann seelisch geradezu bergab. Es war auf jeden Fall so eine Grenze, bis zu der alles einigermaßen ok war, und danach ging ganz fett die Depression los.

Ich hatte noch eine Woche oder so zuhause verbracht und dann ging es daran, wieder in die Arbeit zu gehen. Dieser Moment lag mir schon seit vielen Wochen im Magen. Immerhin war ich zu dem Zeitpunkt 2 ½ Monate lang krank geschrieben. Wie sollte ich meinen Kolleg/-innen begegnen, wenn sie alle fragen würden „Ja wo warst Du denn, was war denn los mit Dir?". Was sollte ich da sagen? In der Klinik hatten wir zu dem Thema mal ein Rollenspiel durchgeführt. Dabei war ich die Angestellte, die nach längerer Krankheit wieder in die Arbeit kam und eine Mit-Patientin war eine Kollegin von mir. Sie hat ihre Rolle echt gut gespielt; ich mußte immer wieder anfangen zu heulen... warum, weiß ich nicht mehr. Ich kam mir so schäbig vor.

Naja, irgendwann war also der 1. Arbeitstag gekommen. Meine Kolleg/-innen haben es mir nicht schwer gemacht, sondern mich einfach wieder bei sich aufgenommen, worüber ich mich sehr gefreut hatte. Wenn eine/r etwas genauer nachgefragt hatte, was denn mit mir gewesen sei, hab ich oberflächlich von der Psychose erzählt. Ich wollte das nicht verbergen, nein.

Ich kam mir vor, wie ein schwuler Mann, der glaubte, er müsse sich vor seinen Mitmenschen rechtfertigen, warum er schwul ist. Scheiße ist das! Was geht das die Leute an, mit wem ich ins Bett gehe und mit wem ich zusammenlebe. Scheiße. Ich habe überhaupt nichts gegen schwule oder lesbische Frauen und Männer, außer, sie gehen allzu provokant in der Öffentlichkeit mit ihrer Neigung um. Ich stell mich auch nicht in den U-Bahnhof und knutsche wie verrückt mit meinem Mann und fummel mit ihm rum. Das find ich absolut nicht in Ordnung.

Apropos mein Mann. Paul. Ich habe bis jetzt noch sehr wenig von ihm geschrieben, von ihm und von meinen beiden Töchtern. Das ist aber Absicht. Ich will meine Familie gar nicht so weit hier mit *reinziehen. Sie haben schon genug mit mir durchgemacht, seit meiner ersten Psychose 2009. Da war Linda 12 und Emma 11 Jahre alt und Paul 46. Ich war damals – glaube ich – 6 Wochen in der Klinik und da hat Paul zuhause den ganzen Laden allein geschmissen. Ich weiß gar nicht mehr, wie das überhaupt ging. Wahrscheinlich sassen meine Eltern und meine Schwiegereltern mit im Boot und haben geholfen, wo sie nur konnten, aber – wie gesagt – daran kann ich mich überhaupt nicht mehr erinnern.*

Ich kann mich nur bei ihnen allen entschuldigen dafür, daß ich mich nicht mehr angemessen um sie kümmern konnte. Konnte ist gut gesagt. Ich kann es ja auch heute nicht mehr. Eigentlich kann ich es durchgehend seit 11 Jahren nicht mehr, seitdem ich die erste Psychose hatte und dadurch gezwungen war, Tabletten zu nehmen. Aber davon habe ich wahrscheinlich schon zur Genüge berichtet. Die Tabletten machen mich platt. Sie drücken mich auf den Boden und schalten mich – mehr oder weniger – aus. Natürlich schützen sie mich vor einer weiteren Psychose, die ich in meinem ganzen Leben nicht mehr bekommen möchte, und deshalb werde ich sie weiterhin einnehmen. Aber diese Nebenwirkungen, diese Antriebslosigkeit ist schon ungeheuerlich. Ich weiß nicht, inwieweit da dieser Dopamin-Überschuß auch noch eine Rolle spielt. Ich hab zwar schon immer wieder darüber gelesen, aber merken kann ich mit das alles nicht. Aber glücklicherweise muß ich davon ja auch nicht näher berichten; das sollen andere Leute machen.

Ja, was soll ich sagen. Vielleicht nochmal das: Linda und Emma, Ihr beide seid das größte Glück für mich auf Erden. Ihr habt mich reich gemacht, reich an Liebe und Glück. Meine Güte, wie war ich immer stolz auf Euch, als Ihr kleine Mädchen gewesen seid. Ihr seid so sehr liebenswert gewesen. Bitte keine Mißverständnisse. Das seid Ihr auch heute noch. Liebenswerte junge Frauen, jede auf ihre eigene, persönliche Weise. Aber ich hab so viel kaputt gemacht. Hab Euch nicht mehr – so wie ich es gern getan hätte – nach meinem Empfinden „bemuttern" können. Ihr habt zum Beispiel selbst Eure Wäsche gewaschen, als Ihr noch jung gewesen seid, Euer Papa hat Euch viel geholfen dabei. Ich kann mich leider nicht richtig daran erinnern, was ich alles falsch gemacht habe, aber so war es definitiv. Seit Eurem 11. bzw. 12. Lebensjahr konnte ich nicht mehr richtig für Euch da sein. Oder doch? Zum Glück haben wir schon seit vielen Jahren eine Frau, die uns ab und zu beim Putzen hilft und beim Bügeln. Verwahrlost sind wir sicher nicht, nein, das kann man nicht sagen. Aber ich bin der Meinung, daß ich mich nicht mehr richtig um Euch gekümmert habe, genau so um Paul. Er war es von zuhause gewohnt, daß jeden Freitag ein Kuchen gebacken wurde; das habe ich nicht geschafft. Inzwischen bäkt er selber hin und wieder einen Kuchen; das ist schon nicht schlecht. Die Mädels helfen viel in der Küche. Ich habe wirklich viel Unterstützung von meiner Familie. Unterstützung und Verständnis. Das war nicht immer so.

Nun gut, die Mädels sind schon längst in einem Alter, wo ich meine Krankheit nicht mehr verstecken muß und wo ich mit ihnen über fast alles offen reden kann. Aber verstecken konnte ich es eigentlich sowieso nie; ich habe viel geschlafen; tagsüber sowie nachts. Das haben sie alles mitgekriegt. Wie schrecklich. Ich lag und liege tagsüber auf der Couch und döse vor mich hin oder schlafe. Paul hat mich schon vor längerer Zeit darum gebeten, zum Schlafen ins Schlafzimmer zu gehen; das mache ich schon, aber trotzdem liege ich zwischendurch viel auf der Couch, einfach so, weil ich kaputt bin, müde, erschöpft, unfähig, meine Arme zu heben.

Vor ein paar Monaten ist Paul mal mitgekommen zu einem Termin bei meinem Psychologen. Dieser hat ein bißchen Hintergrundwissen über die Psychose vermitteln wollen; er hat uns zusätzlich eine dicke Broschüre mitgegeben zum Durchlesen. Seitdem hat Paul sehr viel Verständnis für mich gezeigt, viel mehr als je zuvor. Er hat das Ganze immer irgendwie abgetan als „einfache" Depression oder sowas. Darum möchte ich Ihnen, lieber „Leidensgenosse" oder lieber Leser mit auf den Weg geben: Holen Sie sich Ihre nahestehendsten Verwandten und Freunde mit ins Boot. Gehen Sie gemeinsam zu Ihrem Arzt und erkundigen Sie sich genau über Ihr Krankheitsbild. Alleine oder allein gelassen kann man so eine Krankheit wie eine Psychose nicht überwinden, sag ich mal einfach so direkt. Ich persönlich jedenfalls nicht. Ohne meinen Mann und meine beiden Töchter hätte ich keinen Sinn mehr im Leben gesehen und wäre da nicht hindurch gekommen. Nur mit deren Halt habe ich es bis hierher geschafft.

Jetzt kann ich sogar ein Buch schreiben. Das bedeutet mir sehr viel, denn es gibt nicht viel, worauf ich für mich stolz sein kann. In meinem Leben ist nicht viel – abgesehen von meiner Familie – passiert, worauf ich stolz sein könnte. Aber ich gehe jetzt darauf nicht intensiver ein.

Meine Freundin Marie würde jetzt so Einiges aufzählen, was ich alles gut kann und unternehme und so. Sie ist wunderbar. Sie baut mich garantiert immer auf, wenn ich mal kein Licht am Ende des Tunnels sehe. Meine geliebte Freundin Marie, die nicht mit Gold aufzuwiegen ist. Sie *macht es instinktiv richtig; ich kann es beurteilen, denn – wie Sie gelesen haben – war ich über 10 Jahre in Psychotherapie. Marie hat das nicht gelernt, aber das braucht sie auch nicht. Sie ist einfach so, wie sie ist. Ich bin so froh, sie damals erst als Arbeitskollegin im Heim und später dann als Freundin gefunden zu haben. Leider wohnt sie relativ weit weg von mir, so daß wir uns meist nur ein Mal im Monat sehen können. Dann schnappe ich meine Bettdecke und meinen Rucksack, fahre zu ihr und verbringe mit ihr einen super schönen Tag und super gemütlichen Abend und daraufhin einen super gemütlichen Morgen.*

Wir sind echt irgendwie Seelen-verwandt. Nicht, daß Sie jetzt glauben, ich spinne rum, nein, ich habe einfach festgestellt, daß wir sehr ähnliche

Gedanken haben und uns deshalb einfach wunderbar verstehen. Das läßt mich zu der Äußerung hinreißen, daß wir Seelen-verwandt sind.

Es gibt und gab noch weitere Menschen in meinem Leben, die mich mit meiner psychischen Erkrankung unterstützt haben, und zwar ist oder waren das 4 Freunde, mit denen ich seit vielen Jahren in einer Cover-Band Musik mache. Eine Cover-Band ist eine Band, die Liedertitel von anderen Bands bzw. Sängern singt, entweder in Originalversion oder in leicht abgewandelter Form. Wir spielen Lieder, zum Beispiel aus den 80er oder 90er Jahren, auch früher oder später, zum Beispiel von den Beatles, von Simon & Garfunkel, von Ich & Ich, von Crowded House *usw.*

Das Singen und Musizieren mit meinen Freunden ist für mich der pure, klebrige, weiche Balsam für meine Seele. Wenn ich mit ihnen singe oder unsere Musik höre, dann ist das wirklich so, als wenn man meine Seele mit diesem Balsam einreibt, so, wie ich es damals getan habe, wenn meine Töchter, als sie klein waren, ihnen den Oberkörper bei Erkältung eingerieben habe mit einem herrlich duftenden Eukalyptus-Balsam. Sicher verstehen Sie, wie ich es meine. Wir kennen uns seit vielen Jahren aus einem Gospel-Chor und haben uns dann eines Tages zu einer Band zusammengetan, treten auch mal auf Feiern auf oder kleineren öffentlichen Veranstaltungen. Seit einiger Zeit können wir uns leider nicht mehr sehen – Sie wissen ja, es herrscht noch immer diese Corona-Pandemie, aber wir treffen uns ab und zu zu zweit und nehmen mal ein Lied bei Fin auf. Fin ist unser „Band-Leader"; er hat früher schon in zahlreichen Bands gespielt, und hat aus uns eine durchaus akzeptable Band gemacht, wie ich finde. Fin hat eine phantastisch gute Stimme und könnte damit viele bekannte Sänger in den Wind schießen. Ich freu mich schon riesig auf den Moment, wenn wir 5 wieder zusammen bei uns im Keller musizieren können.

Außerdem bin ich Mitglied einer Samba-Trommelgruppe, wie bereits anfangs schon erwähnt. Wir spielen mit unserer ganzen Leidenschaft lateinamerikanische, brasilianische und karibische Rhythmen auf verschiedenen

Trommeln und Rhythmus-Instrumenten. Auch das ist Balsam für meine Seele; ich weiß, ich wiederhole mich, aber ich möchte, daß Sie mich verstehen. Diese Musik kommt gleich nach meiner Band in der Rangfolge meiner Lieblingsbeschäftigung.

Wenn ich allerdings tief in einer Depression stecke, kann ich da nicht mitspielen, denn dann fehlt mir die Kraft, sowohl körperlich als auch seelisch. Ansonsten aber tut mir das unglaublich gut, wenn mein Körper im Einklang mit den Rhythmen sich bewegen darf.

Und zu guter Letzt bin ich seit Anfang letzten Jahres in eine Alt-Damen-Handballmannschaft eingestiegen, mit deren Trainerin ich schon als

Jugendliche lange Zeit zusammen gespielt hatte,
bis Anfang 40, glaube ich. Ich hatte in den letzten
Jahren so gut wie keinen Sport mehr gemacht; ab
und zu ein bißchen Joggen gehen oder auch mal
Fitneß-Studio...das war´s dann.

Umso mehr freute ich mich, als ich mich dazu
durchgerungen hatte, wieder beim Handball
mitzumachen. Es sind alles so liebe Frauen dabei
und ich fühle mich wohl dort. Natürlich wurde
auch diese Freizeitbeschäftigung wegen Corona
gestoppt. Ich habe in den letzten Monaten,
nachdem ich mich nicht mehr bewegt hatte,
wieder etliche Kilos zugenommen, so daß ich
immer schwerfälliger werde. Trotzdem habe ich
mir vorgenommen, daß ich, sobald der Sport
wieder stattfinden darf, dazu stoßen werde. Und

wenn ich noch so depressiv sein werde; ich werde versuchen, mich zu bewegen, wenigstens dem Ball hinterher zu laufen, das motiviert schon sehr.

Außerdem treffen Paul und ich mich regelmäßig mit Freunden, um zusammen Gesellschaftsspiele zu spielen. Erst essen wir gemeinsam zu Abend und plaudern, danach spielen wir. Wir haben dabei immer den größten Spaß und lachen die ganze Zeit, was einfach nur noch gut tut.

Ich schreibe Ihnen, sehr geehrter Leser, das Alles auf, damit Sie spüren, wie wichtig mir persönlich Familie, Freunde, Freizeit ist. Im Grunde war ich früher eine sehr temperamentvolle junge Frau; die ist jetzt leider verloren gegangen in mir. Aber manchmal, wenn wir alle so zusammen sitzen und lachen, dann kommt sie wieder durch durch mich, diese Frau, die nur so strotzte vor Freude. Genauso war es Anfang letzten Jahres, als ich keine Tabletten mehr nahm. Ich strotzte nur so vor Freude. Ich glaube, ich schrieb Ihnen ja, daß meine Kollegin zu mir sagte „Du fühlst Dich sicher wie eine geplatzte Champagnerflasche". Genau so war es. Es waren herrliche Monate, die ich nie vergessen werde. Leider sind sie ja dann zu einer Manie und dann zu der Psychose geworden. Die weitere Geschichte kennen Sie inzwischen zur Genüge.

Bei meinen vielen Klinikaufenthalten habe ich natürlich viele andere Patienten gesehen und bin auch mit einigen davon etwas näher in Kontakt getreten. Dabei habe ich festgestellt, daß es *diejenigen, die keine Familie hatten, die kaum Freunde hatten und zu guter Letzt arbeitslos waren, am schwersten hatten. Die Leute, die ich kennenlernte, hatten aber selten eine Psychose; da sind mir bis jetzt nur 2 Frauen über den Weg gelaufen in der Klinik, aber wir sind nie so richtig ins Gespräch gekommen miteinander. Vielleicht lag es daran, daß wir einfach viel zu akut in der Psychose verstrickt waren. Wenn man darüber hinweg ist, kann man sicher viel besser oder erst recht darüber reden.*

Ich hatte ja vor, mir nach der Klinik eine Selbsthilfegruppe zu suchen, in der die Teilnehmer alle unter der gleichen Krankheit leiden und sich miteinander austauschen können. Mir lag sehr viel daran und ich suchte bei mehreren

Anlaufstellen nach so einer Gruppe, habe aber leider keine gefunden. Es wurde mir angeboten, daß ich selber so eine Gruppe ins Leben rufen könnte, aber die Energie hatte ich bis jetzt noch nicht; vielleicht kommt das ja noch. Ich würde es mir sehr wünschen, denn niemand kann es verstehen, was man in einer Psychose mitmacht, außer jemand, der dasselbe durchgemacht hat. Ein Austausch darüber wäre einfach so hilfreich; dann würde man sehen, daß man damit nicht alleine auf der Welt ist und daß es andere Menschen gibt, die Einen verstehen können.

Verständnis bei meinen Mitmenschen zu erlangen, war bis jetzt immer so ein Ziel von mir und ich habe mich eigentlich nicht versteckt mit meiner Krankheit. Mal sehen, vielleicht schaffe ich es ja, *andere Menschen mit meinen Erlebnissen zu berühren, vielleicht sogar zu helfen oder mich auszutauschen mit ihnen. Man kann nie wissen...*

Paul, ich liebe Dich von ganzem Herzen und freue mich auf die weitere gemeinsame Zukunft mit Dir. Ich verspreche Dir, das Beste aus mir herauszuholen, was möglich ist, um Dich, mich und uns glücklich/er zu machen. Es ist herrlich, mit Dir verwurzelt zu sein. Danke für Alles.

Linda, mein geliebter Schatz,

ich möchte mich ganz offiziell auf diesem Wege dafür entschuldigen, daß ich Dich vielleicht nicht in dem Maße „bemuttern" konnte, so wie ich es mir und Du es Dir vielleicht eigentlich gewünscht hätte/st. Ich habe aber immer das Beste für Dich und Deine Schwester gewollt und getan, was ich konnte, glaube es mir. Du und Emma, Ihr seid das größte Glück für mich auf Erden. Paß gut auf Dich auf!

Emma, mein geliebter Schatz,

für Dich gilt das Gleiche wie für Linda.

Und noch dazu: Ich habe manchmal das
Gefühl, Du machst Dir das Leben durch
Deine besondere Tiefsinnigkeit ein
bißchen schwerer als nötig. Bitte
versuche, nicht alles so nah an Dich
herankommen zu lassen; das wäre besser
für Dich.

Paß gut auf Dich auf!

Mein liebes Mütterchen,

ich danke Dir für Alles, was Du je für mich getan hast. Ich weiß, es war immer das Beste, was Du mir hast angedeihen lassen; leider habe ich das erst viel zu spät bemerkt. Es ist schön und es freut mich so sehr, daß wir uns in den letzten Jahren immer näher gekommen sind.

Paß gut auf Dich auf!

Meine liebe Freundin Marie,

Du begleitest mich seit vielen Jahren durch manches Orkantief, aber auch durch fröhliche, Sonnen-bestrahlene Zeiten, die ich nie mehr missen möchte.

Ich danke Dir, daß Du mir immer zuhörst und mich aufbaust.

Paß gut auf Dich auf!

Platz für eigene Notizen:

Zeitfracht Medien GmbH
Ferdinand-Jühlke-Straße 7
99095 Erfurt, Deutschland
produktsicherheit@kolibri360.de